彩票中奖走奇门

周易预测双色球3D

向洪甲◎ 著

中国商业出版社

图书在版编目（CIP）数据

彩票中奖走奇门/向洪甲著.—北京：中国商业出版社，2011.5

ISBN 978-7-5044-7230-4

Ⅰ.①彩…　Ⅱ.①向…　Ⅲ.①彩票-基本知识-中国
Ⅳ.①F832.5

中国版本图书馆 CIP 数据核字（2011）第 056265 号

责任编辑：刘毕林

中国商业出版社出版发行
（100053　北京广安门内报国寺 1 号）
010-63180647　www.c-cbook.com
新华书店总店北京发行所经销
北京明月印务有限责任公司印刷
*　　*　　*　　*
700×1000 毫米　16 开　19.5 印张　212 千字
2011 年 5 月第 1 版　2019 年 6 月第 6 次印刷
定价：39.80 元
*　　*　　*　　*

前 言

对于一般彩民朋友而言，要阅读此书，首先必须了解什么是奇门遁甲？简单地说，奇门遁甲就是中国古代的一种术数，古代术家常根据它来推算吉凶祸福，用以趋吉避凶。走进奇门遁甲，三奇六仪，九星八门，天盘人盘地盘，仿佛让人领略一道道美丽的风景。如入宝山，岂能空手而回？但是横看成岭侧成峰，远近高低各不同。一会儿生门，一会儿死门。走进去迷途了，走出来却难了。运用奇门遁甲预测彩票中奖号码，前无古例，是一个崭新的课题。需要大家用一种宽容的心态去面对预测！下面我们还是用例题来说吧。

例如，2010年6月8日，星期二，双色球第65期开奖日。根据双色球晚上21:30分摇奖的时间，排奇门遁甲盘如下。

时间：2010年06月08日21时30分

农历：庚寅年四月廿六日亥时

干支：庚寅　壬午　己丑　乙亥

旬空：午未　申酉　午未　申酉

小满：2010年05月21日12时29分

芒种：2010年06月06日03时51分芒种：

下元　乙亥时旬首为己

阳遁九局　值符天蓬落八宫　值使休门落二宫

太阴 惊门　辛 天冲　壬	六合 开门　壬 天辅　戊	白虎 休门　戊 天英　庚
螣蛇 死门　乙 天任　辛	 癸	玄武 癸　生门　庚 禽　天芮　丙
值符 景门　己 天蓬　乙	九天 杜门　丁 天心　己	九地 伤门　丙 天柱　丁

四 13 04 22 31	九 18 09 27	二 20 02 11 29
三 12 03 21 30	五 14 05 23 32	七 16 07 25
八 17 08 26	一 10 01 19 28	六 15 06 24 33

前二期双色球中奖号码宫位。

2010年6月3日，第63期中奖号码：020610172324——03。

2010年6月6日，第64期中奖号码：081425263031——11。

九宫排列：坤（02）坎（10）乾（0624）艮（17）中（23）——震（03）。

九宫排列：震（30）巽（31）中（14）兑（25）艮（0826）——坤（11）

从这二期中奖号码分析，红球只有离宫没有出码。重复宫位中艮二宫。

分析：

(1) 值符天蓬落八宫。艮宫：景加生：主阴人生产大喜，更主求财旺利，行人皆吉。天蓬星值亥时，主小儿成群至，女人著孝服为应。作用后六十日因捉贼得钱财，三年内卖药及符水大发。六乙到艮，名为“玉兔步贵宫”，吉。门宫相生，求财大利。有出中奖号码的概率。艮宫对应的号码081726。

(2) 值使休门落二宫。休门到坤，土克水，生气全无，凶极必反。值使之门，有出中奖号码的概率。坤宫对应的号码02112029。中五宫寄坤宫，中宫对应的号码05142332。

(3) 玄武临兑宫。兑宫：天盘甲寅癸加地盘丙奇，为华盖悖师，上人见喜。天盘甲申庚加地盘丙奇，为太白入荧，为客进利，为主破财。生加惊：主尊长财产、词讼，病迟愈，吉。生门加丙，主贵人印绶、婚姻、书信喜事。天芮星值亥时，有小儿成群，妇人著孝服至为应。后六十日因贼得财，三年后因符水药剂发财。生门土和兑金相生，求财吉，玄武利偏财，有出中奖号码的概率。兑宫对应的号码071625。

（4）螣蛇临震宫。死门到震，木折土崩，凶极必反。天任星值亥时，主西方人磬鸣，人拿来火喊叫为应。作用后一年内因救火得财，大利。外应利财，有出中奖号码的概率。震宫对应的号码03122130。

在这里，我们把艮兑震坤中五宫对应的号码进行排列：020305070811121416172021232526293032共计十八码。当期双色球中奖号码：020708173032—12。十八个双色球预测号码中出六个红球，一个蓝球，可中得一等奖。也许有人会说18码太多，不是一般彩民能承受得了的。那么我们可以结合中奖号码尾数走势图和奇门盘确定尾数。坤宫有码，2尾必出。中宫有码05尾有出。兑宫有码，7尾必出。艮宫有码，8尾必出。结合中奖号码尾数走势图，可确定尾数是0278。再和18码对比筛选，符合尾数的号码是0207081217203032八码。如果将八码去投注就能中出一等奖。何乐而不为？

这就是奇门遁甲，挺容易就把双色球中奖号码算出来了，八个码56元去彩票站投注，就有可能改变你一生的命运。

既然这么神奇，喜欢奇门遁甲的朋友就走进这个迷宫去吧。但是，真诚地希望大家走进去，还能够走出来。

同样的方法也可以预测福利彩票三D。

例如，2010年6月6日，福利彩票3D开奖日。根据福利彩票3D晚上20:30分摇奖的时间，排奇门遁甲盘如下。

时间：2010年06月06日20时30分

农历：庚寅年四月廿四日戌时

干支：庚寅　壬午　丁亥　庚戌

旬空：午未　申酉　午未　寅卯

小满：2010 年 05 月 21 日 12 时 29 分

芒种：2010 年 06 月 06 日 03 时 51 分

芒种：中元　庚戌时旬首为壬

阳遁三局　值符天柱落五宫　值使惊门落四宫

九地 惊门　丁 天英　己	九天 庚　开门　乙 禽　天芮　丁	值符 休门　壬 天柱　乙
玄武 死门　己 天辅　戊	 庚	螣蛇 生门　辛 天心　壬
白虎 景门　戊 天冲　癸	六合 杜门　癸 天任　丙	太阴 伤门　丙 天蓬　辛

四	九	二
058 067 049 013 157 148 139 256 247 238 346 589 679	045 036 027 018 189 135 126 279 234 378 369 468 459 567	056 047 038 029 146 137 128 245 236 389 479 578 569
三	五	七
057 048 039 012 156 147 138 129 246 237 345 489 579 678	068 059 023 014 167 158 149 257 248 239 356 347 689	079 034 025 016 178 169 124 268 259 367 358 349 457
八	一	六
089 035 026 017 179 134 125 278 269 368 359 467 458	046 037 028 019 145 136 127 289 235 379 478 469 568	078 069 024 015 168 159 123 267 258 249 357 348 456 789

(1) 值符天柱落五宫。五宫寄坤宫。坤宫：天盘甲辰壬加地盘乙奇，小蛇得势，女人柔顺，男人通达，禄马光华。休门加乙，求谋重，不得；求轻，可得。六乙到坤，名为“玉兔入坤中”，吉。有出中奖号码的概率。坤宫对应的号码056 047 038 029 146 137 128 245 236 389 479 578 569。

(2) 用神伤门临乾宫。乾宫：天盘丙奇加地盘甲午辛，丙辛相合，谋事能成。天蓬星值戌时，主老人拄拐杖至，鬓须人担箩筐至，西方雨至为应。作用后有白犬自来，八十日搭车器得横财发大富。宫克门，伤门受制，易求偏财。乾宫的后天八卦数 6 必出。

坤宫对应的号码中有 6 数的是 056 146 236 569。

当期福利彩票 3D 中奖号码 2010 年中奖号 150 期 641。

4 注号码中出组选六 146。

由于排列三和大乐透没有公开摇奖，暂时不研究，请谅解！

向洪甲
2011 年 3 月

目　录

第一章　奇门盘中的彩票中奖号码

第一节　奇门遁甲让我中奖了

美丽的故事总是在流传。2010 年 8 月 12 日，星期四，双色球第 93 期开奖日。根据双色球晚上 21:30 分摇奖的时间，排奇门遁甲盘如下。

时间：2010 年 08 月 12 日 21 时 30 分

农历：庚寅年七月初三日亥时

干支：庚寅　甲申　甲午　乙亥

旬空：午未　午未　辰巳　申酉

大暑：2010 年 07 月 23 日 07 时 28 分

立秋：2010 年 08 月 07 日 23 时 57 分

立秋：上元　乙亥时旬首为己

阴遁二局　值符天蓬落三宫　值使休门落九宫

九天 开门　辛 天任　丙	九地 休门　乙 天冲　庚	玄武 生门　丙 天辅　戊
值符 惊门　己 天蓬　乙	丁	白虎 伤门　庚 天英　壬
螣蛇 死门　癸 天心　辛	太阴 景门　壬 天柱　己	六合 丁　杜门　戊 禽　天芮　癸

四 **13 04 22 31**	**九** **18 09 27**	**二** **20 02 11 29**
三 **12 03 21 30**	**五** **14 05 23 32**	**七** **16 07 25**
八 **17 08 26**	**一** **10 01 19 28**	**六** **15 06 24 33**

（1）值使休门落九宫。离宫对应的号码 091827。天盘乙奇加地盘甲申庚，为日奇被刑，为争讼财产。天冲星值亥时，有跛足青衣人至，东方人家起火为应。作用后一百日内猫捕鼠，一年内得财，进人家田契。吉门克宫，水火既济，外应利财。离宫有出中奖号码的概率。

（2）离宫的对冲宫坎，对应的号码 01101928。天柱星值亥时，主西方有钟声、山下人喊叫为应，作用后百日内因救火得财，大利。坎景对冲，有出中奖号码的概率。

（3）乾宫对应的号码 06152433。杜加开：主见贵人官长，谋事主先破已财后吉。天芮星值亥时，有小儿成群，妇人著孝服至为应。后六十日因贼得财，三年后因符水药剂发财。乾宫克杜门，凶事不凶，有出中奖号码的概率。

我把相关的号码排列：0106091015181924272833，结合中奖号码走势图选择了一注七码复式 01091019242833－06 去彩票站投注。

当期中奖号码 091019283233－06。我中了一注三等奖。虽然又一次和一等奖擦肩而过，毕竟还是挺兴奋的，惊讶于奇门遁甲的神奇预测。可是我为什么又会丢弃中奖号 32 呢？32 的合值是 5，寄居坤宫。坤宫：天盘丙奇加地盘甲子戊，鸟跌穴，百事吉。生门加戊，嫁娶、求财、谒贵皆吉。坤宫加吉门，玄武临之，有出中奖号码的概率。开出中奖号码 32 在理呀。也许是财运不旺，让我再一次犯粗心大意的毛病。

既然奇门遁甲能预测彩票中奖号码，我就对双色球等彩票的中奖号码进行了跟踪研究。

一、运用奇门遁甲预测双色球

【例一】2010 年 8 月 17 日，星期二，双色球第 95 期开奖日。根据双色球晚上 21∶30 分摇奖的时间，排奇门遁甲盘如下。

时间：2010 年 08 月 17 日 21 时 30 分

农历：庚寅年七月初八日亥时

干支：庚寅　甲申　己亥　乙亥

旬空：午未　午未　辰巳　申酉

大暑：2010 年 07 月 23 日 07 时 28 分

立秋：2010 年 08 月 07 日 23 时 57 分

立秋：中元　乙亥时旬首为己

阴遁五局　值符天辅落六宫　值使杜门落三宫

白虎 景门　乙 天心　己	六合 死门　壬 天蓬　癸	太阴 惊门　丁 天任　辛
玄武 杜门　丙 天柱　庚	戊	螣蛇 开门　庚 天冲　丙
九地 戊　伤门　辛 禽　天芮　丁	九天 生门　癸 天英　壬	值符 休门　己 天辅　乙

四 13 04 22 31	九 18 09 27	二 20 02 11 29
三 12 03 21 30	五 14 05 23 32	七 16 07 25
八 17 08 26	一 10 01 19 28	六 15 06 24 33

（1）离宫对应的号码091827。离宫：死加景：主因文契印信财产事见官，先怒后喜，不凶。天蓬星值亥时，主小儿成群至，女人著孝服为应。作用后六十日因捉贼得钱财，三年内卖药及符水大发。宫生门，死门大凶。物极必反。离宫今天的断语和女人财富有关，外应利财，有出中奖号码的概率。

（2）坤宫对应的号码02112029。用神伤门对冲宫坤宫。坤宫：天盘丁奇加地盘甲午辛，为朱雀入狱，罪人释囚，官人失位。惊加死：主因宅中怪异而生是非，凶。惊门加辛，主女人成讼，凶。大凶之局还和女人相关，女人，财也。物及必反，坤宫有出中奖号码的概率。

（3）兑宫对应的号码071625。兑宫：天盘甲申庚加地盘丙奇，为太白入荧，贼定要来，为客进利，为主破财。天冲星值亥时，有跛足青衣人至、东方人家起火为应。作用后一百日内猫捕鼠，一年内得财，进人家田契。外应利财。门宫比和，吉。开门加丙，贵人印绶。开门利求财，有出中奖号码的概率。

(4) 用神伤门临艮宫。艮宫对应的号码 081726。艮宫：天盘甲子戊加地盘丁奇，为青龙耀明，宜见上级领导、贵人、求功名，为事吉利。天盘甲午辛加地盘丁奇，为狱神得奇，经商求财获利倍增。天芮星值亥时，有小儿成群，妇人著孝服至为应。后六十日因贼得财，三年后因符水药剂发财。六丁到艮，名为"玉女乘云"，吉。艮宫有出中奖号码的概率。

我们把离坤兑艮宫对应的号码排列：02070809111617182025262729 共计 13 码。

当期双色球中奖号码 09 11 16 17 25 27 – 14。

13 个双色球预测号码中出六个红球，可中得二等奖。

【例二】2010 年 9 月 2 日，星期四，双色球第 102 期开奖日。根据双色球晚上 21∶30 分摇奖的时间，排奇门遁甲盘如下。

时间：2010 年 09 月 02 日 21 时 30 分

农历：庚寅年七月廿四日亥时

干支：庚寅　甲申　乙卯　丁亥

旬空：午未　午未　子丑　午未

立秋：2010 年 08 月 07 日 23 时 57 分

处暑：2010 年 08 月 23 日 14 时 24 分

处暑：中元　丁亥时旬首为庚

阴遁四局　值符天芮落七宫　值使死门落八宫

六合 开门　己 天冲　戊	太阴 休门　戊 天辅　壬	螣蛇 生门　壬 天英　庚
白虎 惊门　癸 天任　己	乙	值符 乙　伤门　庚 禽　天芮　丁
玄武 死门　辛 天蓬　癸	九地 景门　丙 天心　辛	九天 杜门　丁 天柱　丙

四 **13 04 22 31**	**九** **18 09 27**	**二** **20 02 11 29**
三 **12 03 21 30**	**五** **14 05 23 32**	**七** **16 07 25**
八 **17 08 26**	**一** **10 01 19 28**	**六** **15 06 24 33**

（1）螣蛇临坤宫。坤宫对应的号码02112029。坤宫：天盘甲辰壬加地盘甲申庚，为太白擒蛇，刑狱公平，立剖邪正。生门大吉之门，门宫比和，坤宫临吉门不凶，有出中奖号码的概率。

（2）巽宫对应的号码04132231。巽宫：天盘甲戌己加地盘甲子戊，为犬遇青龙，门吉为谋望遂意，上人见喜。开门加戊，财名俱得。天冲星值亥时，有跛足青衣人至、东方人家起火为应。作用后一百日内猫捕鼠，一年内得财，进人家田契。巽宫是小凶之宫，大吉门开门临之，门克宫，凶事不凶，吉。有出中奖号码的概率。

（3）值符天芮落七宫。用神伤门临之。兑宫对应的号码071625。兑宫：天盘乙奇加地盘丁奇，为奇仪相佐，最利文书、考试，百事可为。天芮星值亥时，有小儿成群，妇人著孝服至为应。后六十日因贼得财，三年后因符水药剂发财。伤门利博彩，临兑宫大吉。外应利财。有出中奖号码的概率。

我们把坤巽兑宫对应的号码排列：0204071113162022252931共计11码。

当期双色球中奖号码04 11 16 20 22 29 -10

11个双色球预测号码中出六个红球，可中得二等奖。

【例三】2010年11月14日，星期四，双色球第133期开奖日。根据双色球晚上21:30分摇奖的时间，排奇门遁甲盘如下。

时间：2010年11月14日21时30分

农历：庚寅年十月初九日亥时

干支：庚寅　丁亥　戊辰　癸亥

旬空：午未　午未　戌亥　子丑

霜降：2010 年 10 月 23 日 20 时 54 分

立冬：2010 年 11 月 07 日 21 时 01 分

立冬：上元　癸亥时旬首为癸

阴遁六局　值符天蓬落一宫　值使休门落一宫

玄武 杜门　庚 天辅　庚	白虎 景门　丁 天英　丁	六合 己　死门　壬 禽　天芮　壬
九地 伤门　辛 天冲　辛	 己	太阴 惊门　乙 天柱　乙
九天 生门　丙 天任　丙	值符 休门　癸 天蓬　癸	雎蛇 开门　戊 天心　戊

四 13 04 22 31	九 18 09 27	二 20 02 11 29
三 12 03 21 30	五 14 05 23 32	七 16 07 25
八 17 08 26	一 10 01 19 28	六 15 06 24 33

（1）用神伤门临震宫。天冲星值亥时，有跛足青衣人至、东方人家起火为应。作用后一百日内猫捕鼠，一年内得财，进人家田契。伤门处旺地，越旺越易求偏财。有出中奖号码的概率。震宫对应的号码03122130。

（2）值符天蓬落一宫，值使休门落一宫。其对冲宫离宫在考虑的范围之内。离宫：天盘丁奇加地盘丁奇，为星奇入太阴，文书证件即至，喜事从心，万事如意。六丁到离，名为“乘龙万里”，吉。丁奇到离，吉。有出中奖号码的概率。离宫对应的号码091827。

（3）艮宫：生加生：主远得，求财吉。生门加丙，主贵人印绥、婚姻、书信喜事。天任星值亥时，主西方人磬鸣，人拿来火喊叫为应。作用后一年内因救火得财，大利。六丙到艮，名为“凤入丹山”，吉。生门加艮，大利求财，有出中奖号码的概率。艮宫对应的号码财081726。

（4）艮宫的对冲宫坤宫在考虑的范围之内。中五宫寄坤宫。天芮星值亥时，有小儿成群，妇人著孝服至为应。后六十日因贼得财，三年后因符水药剂发财。死门加坤，大凶。凶极必反。外应利财。有出中奖号码的概率。中宫对应的号码是05142332。

我们把震离艮中宫对应的号码进行排列：0305080912141718212326273032 共计14码。

当期双色球中奖号码：030917212632—01。

14个双色球预测号码中出六个红球，可中得二等奖。

二、奇门遁甲同样可以用来预测福利彩票3D

【例一】2010年08月13日，福利彩票3D开奖日。根据福利彩票3D晚上20:30分摇奖的时间，排奇门遁甲盘如下。

时间：2010年08月13日20时30分
农历：庚寅年七月初四日戌时
干支：庚寅　甲申　乙未　丙戌
旬空：午未　午未　辰巳　午未
大暑：2010年07月23日07时28分
立秋：2010年08月07日23时57分

立秋：上元　丙戌时旬首为庚
阴遁二局　值符天英落四宫　值使景门落七宫

值符 生门　庚 天英　丙	九天 丁　伤门　戊 禽　天芮　庚	九地 杜门　壬 天柱　戊
螣蛇 休门　丙 天辅　乙	 丁	玄武 景门　癸 天心　壬
太阴 开门　乙 天冲　辛	六合 惊门　辛 天任　己	白虎 死门　己 天蓬　癸

福体彩3D组选6九宫图

四 058 067 049 013 157 148 139 256 247 238 346 589 679	九 045 036 027 018 189 135 126 279 234 378 369 468 459 567	二 056 047 038 029 146 137 128 245 236 389 479 578 569
三 057 048 039 012 156 147 138 129 246 237 345 489 579 678	五 068 059 023 014 167 158 149 257 248 239 356 347 689	七 079 034 025 016 178 169 124 268 259 367 358 349 457
八 089 035 026 017 179 134 125 278 269 368 359 467 458	一 046 037 028 019 145 136 127 289 235 379 478 469 568	六 078 069 024 015 168 159 123 267 258 249 357 348 456 789

（1）巽宫对应的号码是058 067 049 013 157 148 139 256 247 238 346 589 679。值符天英落四宫。巽宫：天盘甲申庚加地盘丙奇，为太白入荧，贼定要来，为客进利，为主破财。生门加丙，主贵人印绶、婚姻、书信喜事。六丙到巽，名为“火起风行”，以为“神龙助威”，吉。生门大吉之门，经商求财大利。经和其余宫对比分析，有出中奖号码的概率。

（2）玄武临兑宫。值使景门落七宫。兑宫后天八卦数7必出。

（3）巽宫对应的号码中有7数的是067 157 247 679。

当期福利彩票3D中奖号码2010年8月13日中奖号218期715。

4注号码中出组选六157。

【例二】2010年08月17日，福利彩票3D开奖日。根据福利彩票3D晚上20:30分摇奖的时间，排奇门遁甲盘如下。

时间：2010年08月17日20时30分

农历：庚寅年七月初八日戌时

干支：庚寅　甲申　己亥　甲戌

旬空：午未　午未　辰巳　申酉

大暑：2010年07月23日07时28分

立秋：2010年08月07日23时57分

立秋：中元　甲戌时旬首为己

阴遁五局　值符天辅落四宫　值使杜门落四宫

值符 杜门　己 天辅　己	九天 景门　癸 天英　癸	九地 戊　死门　辛 禽　天芮　辛
螣蛇 伤门　庚 天冲　庚	戊	玄武 惊门　丙 天柱　丙
太阴 生门　丁 天任　丁	六合 休门　壬 天蓬　壬	白虎 开门　乙 天心　乙

福体彩3D组选6九宫图

四 058 067 049 013 157 148 139 256 247 238 346 589 679	九 045 036 027 018 189 135 126 279 234 378 369 468 459 567	二 056 047 038 029 146 137 128 245 236 389 479 578 569
三 057 048 039 012 156 147 138 129 246 237 345 489 579 678	五 068 059 023 014 167 158 149 257 248 239 356 347 689	七 079 034 025 016 178 169 124 268 259 367 358 349 457
八 089 035 026 017 179 134 125 278 269 368 359 467 458	一 046 037 028 019 145 136 127 289 235 379 478 469 568	六 078 069 024 015 168 159 123 267 258 249 357 348 456 789

（1）巽宫对应的号码是058 067 049 013 157 148 139 256 247 238 346 589 679。值符天辅落四宫，值使杜门落四宫。巽宫：天辅星值戌时，主有三五人来寻物，师巫对行为应。六十日鸡上树鸣，远信至，得妇人财。有出中奖号码的概率。

（2）螣蛇临震宫。用神伤门临震宫。震宫：天盘甲申庚加地盘甲申庚，为太白同宫，又名战格，官灾横祸，兄弟或同辈朋友相冲撞，不利为事。伤加伤：主变动、远得折伤，凶。伤门加庚，主讼狱被刑杖，凶。天冲星值戌时，西方有三五人来寻物，及师巫人对走为应。作用后六十日鸡鸣上树，远信至、得外人财。伤门越凶越利求偏财。外应利财。震宫后天八卦数 3 必出。

（3）巽宫对应的号码中有 3 数的是 013 139 238 346。

当期福利彩票 3D 中奖号码 2010 年 8 月 17 日中奖号 222 期 130。

4 注号码中出组选六 013。

【例三】2010 年 9 月 2 日，福利彩票 3D 开奖日。根据福利彩票 3D 晚上 20∶30 分摇奖的时间，排奇门遁甲盘如下。

时间：2010 年 09 月 02 日 20 时 30 分

农历：庚寅年七月廿四日戌时

干支：庚寅　甲申　乙卯　丙戌

旬空：午未　午未　子丑　午未

立秋：2010 年 08 月 07 日 23 时 57 分

处暑：2010 年 08 月 23 日 14 时 24 分

处暑：中元　丙戌时旬首为庚

阴遁四局　值符天芮落六宫　值使死门落九宫

白虎 景门　癸 天任　戊	六合 死门　己 天冲　壬	太阴 惊门　戊 天辅　庚
玄武 杜门　辛 天蓬　己	 乙	螣蛇 开门　壬 天英　丁
九地 伤门　丙 天心　癸	九天 生门　丁 天柱　辛	值符 乙　休门　庚 禽　天芮　丙

福体彩 3D 组选 3 九宫图

四 499 688 877 166 355 544 733 922 022 211 400	九 099 288 477 855 144 522 711 900	二 299 488 677 866 155 344 533 722 911 011 200
三 399 588 966 066 255 633 822 300	五 599 788 977 077 266 455 644 833 122 311 500	七 799 988 088 277 466 655 844 133 322 511 700
八 899 188 377 566 755 944 044 233 422 611 800	一 199 388 577 766 955 055 244 433 622 811 100	六 699 177 366 744 933 033 411 600

（1）离宫对应的号码是 099 288 477 855 144 522 711 900。值使死门落九宫。离宫：天盘甲戌己加地盘甲辰壬，为地网高张，凶。死加景：主因文契印信财产事见官。宫生门，凶门更凶，物极必反。有出中奖号码的概率。

（2）坎宫：生加休：主阴人处求望财利吉。生门加辛，主产妇疾病，后吉。坎宫加生门大利求财，坎宫后天八卦数 1 必出。

（3）离宫对应的号码中有 1 数的是 144 711。

当期福利彩票 3D 中奖号码 2010 年 9 月 2 日中奖号 238 期 171。

2注号码中出组选三711。

第二节　如何用奇门遁甲排列彩票号码

奇门遁甲的地盘是洛书九宫。如下图所示：

四	九	二
三	五	七
八	一	六

口诀：**戴九履一，左三右七，二四为肩，六八为足，五居中宫。**

洛书九宫用的是后天八卦数。坎一坤二震三巽四中宫五寄坤二乾六兑七艮八离九。所谓后天八卦：八卦分为先后天，后天八卦图又称文王八卦图，即震卦为起始点，位列正东。按顺时针方向，依次为巽卦，东南；离卦，正南；坤卦，西南；兑卦，正西；乾卦，西北；坎卦，正北；艮卦，东北。如象征节气，则震为春分，巽为立夏，离为夏至，坤为立秋，兑为秋分，乾为立冬，坎为冬至，艮为立春。即是序数为：坎一、坤二、震三、巽四、五为中宫，乾六、兑七、艮八、离九《说卦传》曰："乾、天也，故称乎父。坤、地也，故称乎母。震一索而得男，故谓之长男。巽一索而得女，故谓这长女。坎再索而得男，故谓之中男。离再索而得女，故谓之中女。艮三索而得男，故谓之少男。兑三索而得女，故谓之少女"。《说卦传》曰："帝出乎震，齐乎巽，相见乎离，致役乎坤，说言乎兑，战乎乾，劳乎坎，成言乎艮"。邵子曰："乾统三男于东北，坤统三女于西南，乾、坎、艮、震为阳，巽、离、坤、兑为阴"。

（一）乾卦

乾为天，为太阳，表现天的功能、意识及刚健的性质，还代表冰、雹、霰。

在国家为国君，为主席，为总统；在单位为一把手，主要领导人；在家庭为父亲，为大人，为老人，为长辈人；在社会为名人，公门人，宦官；在性别为男，在年龄为老头。

在场所为京都，为大城市，形胜之地，高亢之所。

在方位为西北方，为南方（先天八卦方位），为上方，为高处。在时间为秋季，农历九、十月，戌、亥年、月、日、时，立冬至大雪 45 天。

在数字为一（先天八卦数）、六（后天八卦数）、四、九（行金数）。

在动物为马、象、天鹅、狮子。

在静物为金玉、珠宝、圆物、木果、刚物、冠、镜。

在人体为头、右腿（九宫位），肺、骨骼，男性生殖器。

在颜色为白色、大赤色、玄色。

在五味为辛、辣。

（二）坤卦

坤为地，表现地的功能、潜意识及柔顺的性质。在天时又为阴云、雾气、冰霜。

在国家为皇后、第一夫人；在单位为职工、群众；在家庭为母亲、为祖母，为老母、后母、老妇人；在社会为众人，为乡人、为小人、为大腹人、为懦弱之人、吝啬之人；在性别为女；在年龄为老妇，老年女人。

在场所为田野，为大地、为乡村、为平地。

在方位为西南方，北方（先天圭方位），下方，底层。

在时间为农历六月、七月，未、申年月日时，辰、戌、丑、未五行为土年、月、日、时，立秋至白露45天。

在数字为二（后天八卦数）、八（先天八卦数）五、十（五行土数）。

在动物为牛，为牝马、为猫、为百兽。

在静物为水泥、砖瓦、五谷、布帛、丝绵、方物、柔物，土中之物，牛肉、食品、大车、锅。

在人体为腹，右肩（九宫位），脾、胃、肌肉，女性生殖器。

在颜色为黄色、黑色。

五味中为甘味、甜味。

（三）震卦

震为雷，表示震动、奋起的性质和状态。在天象为雷雨、雷鸣、地震、火山喷发。

在国家和单位为当权的二把手；在家庭为长男；在社会为驾驶员、运动员，警察、法官、军人、飞行员、列车员、社会活动家、舞蹈演员、足球爱好者、狂人、壮士。

在场所为工厂、广播电台、乐器店、游乐场、机场、发射场、车站、舞厅、歌厅、闹市、战场、森林、草木茂盛之所。

在方位为东方，东北方（先天八卦方位）。

在时间为农历春二月，春分至谷雨45天，卯年、月、日、时。

在数字为四（先天八卦数）、三（后天八卦数、五行木数）。

在动物为龙、蛇，善鸣之马、善鸣之鸟，百虫，鲤鱼。

在静物为木、竹、苇、乐器、蔬菜、鲜花、树木、电话、飞机、汽车、火箭、鞭炮、闹钟、花草繁鲜之物。蹄、肉、山林野味。

在人体为足，为肝胆，为左肋。

在颜色为青、绿，碧色。五味为酸。

（四）巽卦

巽为风，表示自由活动和渗透性。天象代表刮风、台风、飓风、龙卷风等。

在家庭为长女、大女儿；在社会为科技人员、教师、僧尼、仙道之人，气功师、练功者、商人、营业员、木材经营者、手艺人、能工巧匠、额头宽的人，头发细长而直的人，优柔寡断的人，自由职业者。

在场所为邮局、管道、线路、隘路、过道、长廊、寺观、草原、竹林、芦苇荡、升降机、传送带。

在方向为东南方，西南（先天八卦方位）。

在时间为春夏之交，农历三、四月，辰、巳年、月、日、时，立夏至芒种45天。

在数字为五（先天八卦数）、四（九宫数）、三、八（五行木数）。

在人体为股、肱、胆、气管、神经、左肩（九宫位）、练功之元气。

在动物为鸡、鸭、鹅、蝶、蜻蜓、蛇、蚯蚓、带鱼、鳗鱼、鳝鱼、斑马等。

静物为树木、木材、木制品、纤维品、丝线、绳子、麻、风扇、干燥机、飞机、气球、气垫船、帆船、蚊香、木香、兰花、草药、羽毛、枝叶、腰带、海带、下面有口的器物。

在颜色为绿色、蓝色。五味为酸。

（五）坎卦

坎为水，为月亮，表示艰难、险阻的状态。在天象为雨、雷、露、霜。

在家庭为中男，中年男子；在社会为江湖之人、舟人、盗贼、匪徒，为数学家、医生、律师、逃亡者、黑社会之人、诈骗犯、劳务人员、酒鬼、娼妇、自来水公司人员。

在场所为江河、湖、海、沟、渠、井、泉、下水道、洼地、酒店、冷饮店、浴室、澡堂、水族馆、地下室、暗室、自来水公司、鱼塘、饮食店、妓院。

在人体为肾脏、膀胱、泌尿系统、生殖系统、血液、分泌系统、耳、肛门。

在动物为猪、为鼠、为狐狸、水鸟、鱼类、水中动物、美脊之马、劳苦之马、脊椎动物。

在静物为油、酒、醋、酱油、饮料、石油、药品、水车、轮子、刑具、蒺藜、丛刺、带核的果品、冷藏设备、浮萍、潜水艇。

在方位为北方，西方（先天八卦方位）。

在时间为农历十一月，子年、月、日、时，冬至至大寒45天。在数字为一（九宫数）、六（五行水数，一、六水）。

在颜色为黑色，或白色（玄空飞星颜色一白、二黑、三碧、四绿、五黄、六白、七赤、八白、九紫）。

五味为咸味。

（六）离卦

离为火，为日，表示光明、美丽的性质和状态。天象为晴天、热天、酷暑、烈日、干旱、虹霓、霞光。

在家庭为中女、中年妇女；在单位为中层干部；在社会为中间层次人物，为美人、美容师、文人、作家、艺术家、演员、名星、革命家、军人、画家、编辑、侦察员、纪检人员。

在场所为朝阳的场所、名胜古迹、圣地、教堂、华丽的街道、电影院、电视台、画院、美术馆、图书馆、印刷厂、广告塔、电车站、冶炼厂、放射室。

在方位为南方，东方（先天八卦方位）。

在时间为夏天，为农历五月，为午年、月、日、时，夏至至大暑45天。

在数字为三（先天八卦数）、九（九宫数）、二、七（五行火数）。

在人体为眼、头部、心脏、小肠。

在动物为野鸡、孔雀、凤凰、仙鹤，为虾、蟹、螺、贝类，为鳖、龟、“变色龙”、萤火虫。

在静物为字、画、美术品、报纸、刊物、图书、杂志、契约、文书、合同、书信、照相机、摄影机、录相机、电视机、复印机、照明用具、广告、奖状、电报、连环画、化妆品、火炉、打火机、火柴、烧烤物品、焊枪、霓虹灯。

在颜色为红色、赤色，花色，紫色（九紫）。五味为苦味。

（七）艮卦

艮为山，为土，表示静止和安定的状态。天象为云，为雾，为岚。

在家庭为少男，青少年；在社会为少年、儿童，为土建人员、宗教人员、官僚、贵族、继承人、警卫、守门人、矿工、狱吏、石匠、储蓄所人员。

在场所为山、山地、丘陵、高台、堤坝、休息室、坟场、阁寺、房屋、监狱、公安机关、派出所、大楼、城墙、仓库、宗庙、祠堂、矿山、采石场、银行、贮藏室。

在方位为东北方，西北（先天八卦方位）。

在时间为冬春之交，农历十二月和正月，丑、寅年、月、日、时，立春至惊蛰45天。

在数字为七（先天八卦数）、八（九宫数）、五、十（五行土数）。

在人体为鼻、背、手指、关节、左腿（九宫位）、脚趾、乳房、脾、胃、结肠。

在动物为狗、为虎、鼠、狼、熊、牛等有牙、有角的动物，还有昆虫、爬虫、家畜等有尾的动物。

在静物为岩石、山坡、土堆、坟墓、墙壁、门坎、阶梯、台阶、门板、石碑、土炕、柜台、桌子、床。

颜色为黄色、棕黄、咖啡色，或白色（八白）。五味为甘，甜味。

（八）兑卦

兑为泽，为雨，表示喜悦和言词。天象为潮湿天气，气压低、露水、阴雨连绵。

在家庭为少女、小女孩；在社会为与嘴有关的职业，如讲师、教授、演说家、讲解员、翻译、巫师、占卜者、媒婆、传达室人员、歌唱家、音乐家、相声演员、娱乐场所人员、娼妓、牙科医生、外科医生等。

在场所为沼泽地、峡谷、洼地、湖泊、池塘、滑冰场、游乐园、会议室、音乐厅、茶座、饭店、废墟、旧屋、山口、洞穴、井。

在方位为西方，东南（先天八卦方位）。

在时间为农历八月，酉年、月、日、时，秋分到霜降45天。

在数字为二（先天八卦数）、七（九宫数）、四、九（五行金数）。

在人体为口、舌、牙齿、咽喉、肺、右胁（九宫位）、肛门等。

在动物为羊、豹、豺、猿猴、水鸟、兔子、沼泽动物、鸡鸭。

静物为石榴、胡桃、饮食用具、带口的器物、刀剑、剪刀、玩具、破损物品，垃圾箱等。

颜色为白色，或赤色（赤）。五味为辛、辣。

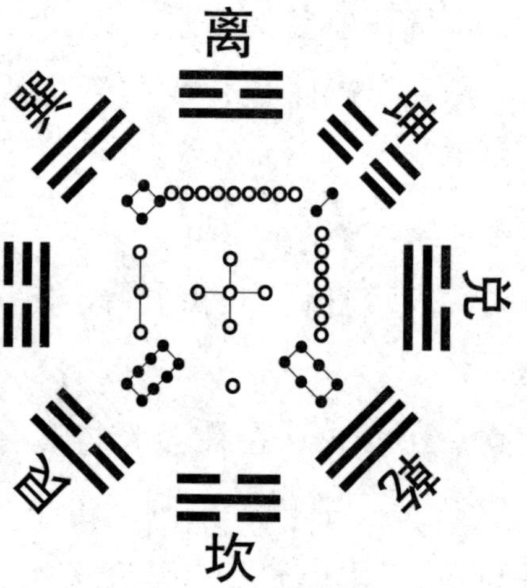

后天八卦方位图

我们知道，乐透型彩票双色球的摇奖数序是01—33。即01 02 03 04 05 06 07 08 09 10 11 12 13 14 15 16 17 18 19 20 21 22 23 24 25 26 27 28 29 30 31 32 33。而洛书九宫排列的数字是1，2，3，4，5，6，7，8，9。个位数没有0数。怎么把双色球的摇奖数字排列到洛书九宫呢？解决这个问题的方法只有把双色球的摇奖数字个位数和十位数相加，取其合值。0+1=1，0+2=2……，1+1=2，1+2=3……，2+1=3，2+2=4……，3+1=4，3+2=5，3+3=6。那么双色球01—33的摇奖数字可以作如下排列。

双色球红球（01—33）九宫图

四 13 04 22 31	九 18 09 27	二 20 02 11 29
三 12 03 21 30	五 14 05 23 32	七 16 07 25
八 17 08 26	一 10 01 19 28	六 15 06 24 33

双色球蓝球（01—16）九宫图

四 04 13	九 09	二 02 11
三 03 12	五 14 05	七 16 07
八 08	一 01 10	六 06 15

根据相同的道理体彩大乐透前区01—35的摇奖数序排列如下。

大乐透前区（01—35）九宫图

四 13 04 22 31	九 18 09 27	二 20 02 11 29
三 12 03 21 30	五 14 05 23 32	七 16 07 25 34
八 17 08 26 35	一 10 01 19 28	六 15 06 24 33

大乐透后区（01—12）九宫图

四 04	九 09	二 02 11
三 03 12	五 05	七 07
八 08	一 01 10	六 06

根据相同的道理，乐透型彩票01—36选7的摇奖数序可以排列如下。

乐透型彩票01—36选7九宫图

四 13 04 22 31	九 18 09 27 36	二 20 02 11 29
三 12 03 21 30	五 14 05 23 32	七 16 07 25 34
八 17 08 26 35	一 10 01 19 28	六 15 06 24 33

二位数的乐透型彩票只要按照这个规律在九宫图内增加或减少摇奖数字就行了。

福彩3D和体彩排列三是自然数0，1，2，3，4，5，6，7，8，9任意三个数字的排列组合，中奖号码是000，111，112，123等到998，999一千注三位数。其中组选6有120注，组选三有90注，单选号000，111，222，333，444，555，666，777，888，999十注。怎么把福彩3D和体彩排列三的摇奖数字排列到洛书九宫呢？解决这个问题的方法只有把福彩3D和体彩排列三的摇奖数字个位数和十位数和百位数相加，取其合值。比如111，我们把1+1+1=

3。112，我们把1+1+2=4。123，我们把1+2+3=6。然后把相对应的数字排列到洛书九宫中就行了。

福体彩3D排列三组选6（120注）九宫图

四 058 067 049 013 157 148 139 256 247 238 346 589 679	九 045 036 027 018 189 135 126 279 234 378 369 468 459 567	二 056 047 038 029 146 137 128 245 236 389 479 578 569
三 057 048 039 012 156 147 138 129 246 237 345 489 579 678	五 068 059 023 014 167 158 149 257 248 239 356 347 689	七 079 034 025 016 178 169 124 268 259 367 358 349 457
八 089 035 026 017 179 134 125 278 269 368 359 467 458	一 046 037 028 019 145 136 127 289 235 379 478 469 568	六 078 069 024 015 168 159 123 267 258 249 357 348 456 789

福体彩 3D 排列三组选 3（90 注）九宫图

四 499 688 877 166 355 544 733 922 022 211 400	九 099 288 477 855 144 522 711 900	二 299 488 677 866 155 344 533 722 911 011 200
三 399 588 966 066 255 633 822 300	五 599 788 977 077 266 455 644 833 122 311 500	七 799 988 088 277 466 655 844 133 322 511 700
八 899 188 377 566 755 944 044 233 422 611 800	一 199 388 577 766 955 055 244 433 622 811 100	六 699 177 366 744 933 033 411 600

至于中奖号码单选号 000，111，222，333，444，555，666，777，888，999 十注。一年之中较少摇出，我们可以不考虑。如果要把组选 6 号码买成单选，只要 6 倍投注就 OK 了。如果要把组选 3 号码买成单选，只要 3 倍投注就 OK 了。

无论是二位数的摇奖号码如双色球，还是中奖号码是三位数的 3D，或中奖号码是七位数的七星彩等，我们只要取其合值就可以按洛书九宫的数字规律排列。这样操作符合洛书九宫数字排列的规律。

奇门遁甲是由地盘、天盘、人盘、神盘四层组成，将地上九宫、八卦、八方与天上九星、人间八门、自然界八种神秘力量（神煞），同时间，即一年二十四节气 和月、日、时辰，六十甲子巧妙地组合在一起，构成一个具有宇宙全息特征的立体时空运动模型。这种立体型的思维模式能够全面反映事物发生时间的独特信息，通过对地盘、天盘、人盘、神盘的全面分析把握事物发生的全过程。大家知道，彩票中奖号码在摇出的时候，摇奖机和球号及在场的工作人员等构成了一个独特的磁场，也就是我们常说的太极场。这个太极场反映在奇门盘上，就能够预测出彩票中奖号码。至于预测的失误和预测者本身的磁场冲突和预测水平有一定的关系。下面我们通过分析实例来说明奇门盘中的彩票中奖号码。

【例一】2010 年 3 月 30 日，星期二，双色球第 035 期开奖日。根据双色球晚上 21∶30 分摇奖的时间，排奇门遁甲盘如下。

时间：2010 年 03 月 30 日 21 时 30 分

农历：庚寅年二月十五日亥时

干支：庚寅　己卯　己卯　乙亥

旬空：午未　申酉　申酉　申酉

惊蛰：2010 年 03 月 06 日 00 时 52 分

春分：2010 年 03 月 21 日 01 时 48 分

春分：上元　乙亥时旬首为己

阳遁三局　值符天辅落二宫　值使杜门落五宫

九地 生门　癸 天任　己	九天 伤门　戊 天冲　丁	值符 杜门　己 天辅　乙
玄武 休门　丙 天蓬　戊	 庚	螣蛇 景门　丁 天英　壬
白虎 开门　辛 天心　癸	六合 惊门　壬 天柱　丙	太阴 庚　死门　乙 禽　天芮　辛

四 **13 04 22 31**	**九** **18 09 27**	**二** **20 02 11 29**
三 **12 03 21 30**	**五** **14 05 23 32**	**七** **16 07 25**
八 **17 08 26**	**一** **10 01 19 28**	**六** **15 06 24 33**

（1）离宫对应的号码是091827。天盘甲子戊加地盘丁奇，为青龙耀明。伤加景：门生宫，吉。六丁到离，名为［乘龙万里］，吉。伤门用神在离，木生火，门生宫，有出中奖号码的概率。

（2）坎宫对应的号码是01101928。天盘甲辰壬加地盘丙奇，为水蛇入火。惊加休：主求财事或因口舌求财事迟吉。六丙到坎，名为［丙火烧壬］，吉，主胜。惊门木受坎宫水生，是用神伤门的对冲宫，有出中奖号码的概率。

（3）坤宫对应的号码是02112029。值符天辅落二宫，值使杜门落五宫寄坤宫。天盘甲戌己加地盘乙奇，为墓神不明，地户逢星。杜门加乙，宜暗求男人财物。杜门到坤入墓，如凶事关起来了。有出中奖号码的概率。

（4）震宫对应的号码03122130。天盘丙奇加地盘甲子戊，鸟跌穴，百事吉。休加伤：主上官、吉庆。震宫是用神伤门之住所，今休门加，门生宫。利出彩票中奖号码。

我们把离坎坤震宫对应的号码排列：010203091011121819202127282930共计15码。

当期双色球中奖号码：09 10 11 18 19 21 —10。

15个双色球预测号码中出六个红球和一个蓝球，可中得一等奖。

【例二】2010年10月1日，福利彩票3D开奖日。根据福利彩票3D晚上20:30分摇奖的时间，排奇门遁甲盘如下。

时间：2010年10月01日20时30分

农历：庚寅年八月廿四日戌时

干支：庚寅　乙酉　甲申　甲戌

旬空：午未　午未　午未　申酉

白露：2010年09月08日02时41分

秋分：2010年09月23日11时48分

秋分：中元　甲戌时旬首为己

阴遁一局　值符天英落九宫　值使景门落九宫

腾蛇 杜门　丁 天辅　丁	值符 景门　己 天英　己	九天 癸　死门　乙 禽　天芮　乙
太阴 伤门　丙 天冲　丙	 癸	九地 惊门　辛 天柱　辛
六合 生门　庚 天任　庚	白虎 休门　戊 天蓬　戊	玄武 开门　壬 天心　壬

福体彩3D组选6九宫图

四 058 067 049 013 157 148 139 256 247 238 346 589 679	九 045 036 027 018 189 135 126 279 234 378 369 468 459 567	二 056 047 038 029 146 137 128 245 236 389 479 578 569
三 057 048 039 012 156 147 138 129 246 237 345 489 579 678	五 068 059 023 014 167 158 149 257 248 239 356 347 689	七 079 034 025 016 178 169 124 268 259 367 358 349 457
八 089 035 026 017 179 134 125 278 269 368 359 467 458	一 046 037 028 019 145 136 127 289 235 379 478 469 568	六 078 069 024 015 168 159 123 267 258 249 357 348 456 789

（1）离宫对应的号码是045，036，027，018，189，135，126，279，234，378，369，468，459，567。值符天英落九宫，值使景门落九宫。凶门有值符值使居之。有出中奖号码的概率。

（2）玄武居乾宫。乾宫：天盘甲辰壬加地盘甲辰壬，为蛇入地罗，吉门吉星，庶免蹉跎。开加开：主贵人宝物财喜。大吉之门利求财，乾宫后天八卦数6必出。有出中奖号码的概率。

（3）离宫对应的号码中有 6 数的是 036，126，369，468，567。

当期福利彩票 3D 中奖号码 2010 年 10 月 1 日中奖号 267 期 036。

5 注号码中出组选 036。

第二章　奇门遁甲基础知识

第一节　什么是奇门遁甲

一、奇门遁甲的概念

奇门遁甲，简称“遁甲”、“奇门”，是中国古代的一种术数，是一门传统珍贵的文化遗产。是继六壬、太乙三大秘宝中的第一大秘术，是《易经》最高层次的预测学，也是论天体、人和地球运动规律的科学巨著，而地球的磁场就隐藏在奇门遁甲之中，进而使其揭示宇宙间事物发展变化的自然规律也最为深奥，最为精确实用。“奇门遁甲”的含义是由“奇”“门”“遁甲”三个概念组成。“奇”就是乙、丙、丁三奇；“门”就是休、生、伤、杜、景、死、惊、开八门；“遁”即隐藏，“甲”指六甲，即甲子、甲戌、甲申、甲午、甲辰、甲寅，“甲”是在十干中最为尊贵，它藏而不现，隐遁于六仪之下。“六仪”就是戊、己、庚、辛、壬、癸。隐遁原则是甲子同六戊，甲戌同六己，甲申同同六庚，甲午同六辛，甲辰同六壬，甲寅同六癸。另外还配合蓬、任、冲、辅、英、芮、柱、心、禽九星。奇门遁甲的占测主要分为天、门、地三盘，象征三才。天盘的九宫有九星，中盘的八宫（中宫寄二宫）布八门，地盘的八宫代表八个方位，静止不动，同时天盘地盘上，每宫都分配着特定的奇（乙、丙、丁）仪（戊、己、庚、辛、壬、癸六仪）。这样，根据具体时日，以六仪、三奇、八门、九星排局，以占测事物关系、性状、动向，选择吉时吉方，就构成了中国神秘文化中一个特有的门类——奇门遁甲。

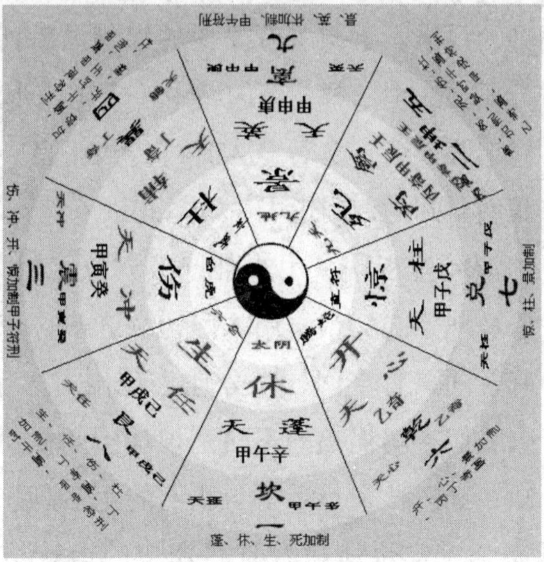

奇门遁甲实用图

根据古今图书集成记载，奇门遁甲起源于四千六百多年前，轩辕黄帝大战蚩尤之时；当时我们的祖先黄帝和蚩尤在涿鹿展开前所未有的一场大战，蚩尤身高七尺，铁头铜身刀枪不入，而且会呼风唤雨；在战场上制造迷雾，使得黄帝的部队迷失方向。

有一天晚上，三更半夜大家都在睡觉的时候，忽然，轩辕丘上传来惊天动地的声音以及非常强烈的光芒，惊醒了黄帝及众人。

大家匆匆忙忙的起床，跑过去一看，原来是有一支彩虹自天空中缓缓下降，从中走出一位全身大放光明的仙女，仙女手上捧着一个长九寸阔八寸的玉匣，黄帝接过来打开一看，里面有一本天篆文册龙甲神章；黄帝根据书里面的记载，制造了指南车，终于打败了蚩尤。

古书龙甲神章除了记载兵器的打造方法之外，还记载了很多行军打仗遣兵调将的兵法。于是黄帝要他的宰相风后把龙甲神章演绎成兵法十三章，孤虚法十二章，奇门遁甲一千零八十局。

后来经过周朝姜太公，黄石老人，再传给张良，张良把它精简之后变成现在我们看到的奇门遁甲。

奇门遁甲的演绎过程中，用八卦记载方位，用十天干隐其一，配九宫记载天象及地象之交错，用八门记载人事，用九星八神记载周遭的环境。有时间，有空间，充分地表现出古人宇宙观的智慧。我们都知道影响我们吉凶祸福的不只是地球空间概念的方向，日出日落，月圆月缺，春去秋来，无不与我们的生活息息相关；而日出日落、春去秋来是宇宙星体随着时间变化的运转结果；相同的空间、方向，在不同的时间，以宇宙观来看其实是完全不同的。所以说奇门遁甲是宇宙宏观的学问，有时间、有空间的观念，是一种研究时空动力的超时代学问。因为奇门遁甲是一种时空交替的磁场表现，以前封建时代皇室用以来遣兵调将出奇制胜。现在我们则用以推算出某个时间的吉方，来增加事情成功率。如求财，考试，求职，索债，求医，出国旅行，博戏战斗，围捕盗贼等都有很好的效果。另外，奇门遁甲用时盘来占卜推算事情更是出神入化，快速又准确。如果研究的人能够掌握其中的奥秘，使用起来那将是神奇非凡。当然，除了以上叙述之外奇门遁甲还有很多其他用途，还看使用者巧妙不同。

奇门遁甲应用于彩票研究，其一可以选择最有利的方位去投注彩票，其二能够预测中奖号码，提高中奖率。

二、奇门遁甲在彩票中的运用

古代把每天二十四个小时分为子、丑、寅、卯、辰、巳、午、未、申、酉、戌、亥十二个时辰（每个时辰 = 两个小时）。时家奇门是一个时辰一个格局，按奇门历法，每年冬至上元到第二年冬至上元为一个循环，总共是 360 日。每天十二个时辰，一个时辰一个格局，全年的局数是 $12 \times 360 = 4320$，为四千三百二十局。但在这 4320 局中，实际上每一局是重复了四次的。拿阳遁一局来说，冬至上元、惊蛰上元、清明中元、立夏中元，都完全一样，皆属于阳遁一局。这四个元共二十天，但落实到时家奇门排局，其格局类型以每个时辰一个格局计算，并不是 $12 \times 20 = 240$，而是 $12 \times 20/4 = 60$（因每一局重复了四次）。即六十个格局，正好占据了从甲子到癸亥这十天干与十二地支的六十种结合。阳遁一局是如此，其他各局也无不如此，即都重复了四次。所以全年 360 日，4320 个时辰，因为就格局讲都重得了四次，全年时辰的格局类型则为 $4320/4 = 1080$（局）。

至于这七十二局不难理解，因按二十四节气论算，每个节气为十五天，一节又分上、中、下三元，每元为五天。一节三元，全年二十四节气的元数则是 $3\times24=72$。全年 1080 个局，但并不是每一局都要用一个盘去演示，如果用活盘演示，每个活盘可演示从甲子到癸亥 60 个时辰的格局，$1080/60=18$，用十八个活盘就可以演示整个年所有时辰的格局。一共十八局，就是阳遁九局、阴遁九局。

虽说是时家奇门，却不能不顾日，不同日干的日，会产生不同时干的时，如甲、己日和乙、庚日的子时并不相同。甲、己日子时为甲子；乙、庚日的子时为丙子。所以每个时辰定为几局，是受节气和日干制约的。即看这个时辰所在的这一天属于哪一个节气，是这个节气的哪一元，上元、中元还是下元。

从大的方面来说，从冬至开始到芒种结束为阳遁；从夏至开始到大雪绳带为阴遁。局的序数与节气的关系是：

阳遁：

冬至、惊蛰一七四，小寒二八五，

大寒、春分三九六，雨水九六三，

清明、立夏四一七，立春八五二，

谷雨、小满五二八，芒种六三九。

阴遁：

夏至、白露九三六，小暑八二五，

大暑、秋分七一四，立秋二五八，

寒露、立冬六九三，处暑一四七，

霜降、小雪五八二，大雪四七一。

即冬至、惊蛰的上元为阳遁一局，中元为阳遁七局，下元为阳遁四局。其他以此类推。

这是把后天八卦、洛书、二十四节气相配，来确定每个节气中不同日的局数。二十四节气中的二至、二分、四立分别居于八宫正中，也就是洛书中的八个数。冬至居坎卦数一，立春居艮卦数八，春分居震卦数三，立夏居巽卦数四，夏至居离卦数九，立秋居坤卦数二，秋分居兑卦数七，立冬居乾卦数六。这八个节气上元的局数，就是它所居的洛书数。即冬至上元为阳遁一局，立春上元为阳遁八局，夏至上元为阴遁九局。其它以此类推。

至于这八个节气中每个节气后面所接的两个节气的上元局数，都可根据八个节气的上元局数按阳顺阴逆的规律依次推出。如冬至上元为阳遁一局，接着冬至后面的两个节气是小寒、大寒，那么依次排列，小寒上元则为阳遁二局、大寒上元则为阳遁三局。其余以此类推。

在奇门遁甲排局时，五天为一局。每天十二个时辰，都是从子时到亥时，这里说的是时辰的地支。至于五天之内这一天和那一天同一地支的时辰，天干却不相同。每天十二个时辰，五天就是六十个时辰。正好把甲子到癸亥的六十花甲用完。到了第六天，夜半的时辰又从甲子开始，这就是五天为一局。

奇门遁甲阴阳遁各局的局数是按节气设定的，但是在定局时却不是以节气生搬硬套去排，还要根据日辰的天干地支。日辰的天干：五天为一局，每局头一天的日干必须是甲或己。甲是十天干中的第一个，定局时从甲开始，甲乙丙丁戊正好是五天，为一局。下一局接着从己开始，庚辛壬癸又是五天。再到另一个五天又从甲开始。日辰的地支：每个节气上中下三元一天的地支是有规律的。我们知道地支是十二个，而一年的月份刚好是十二个，所以一个地支配一个月份，称为月建。正月建寅，二到十二月分别卯辰巳午未申酉戌亥子丑。三个月为一建，春夏秋冬分十二个月。这就是寅卯辰为春季，巳午未为夏季，申酉戌为秋季，亥子丑为冬季。每季的这三个月，第一个月称孟，第二个月称仲，第三个月称季。所以寅申巳亥为四孟，子午卯酉为四仲，辰戌丑未为四季。奇门排局时每个节气上中下三元每元第一天地支的规律。不管是哪一个节气，上元第一天的地支为四仲之一，出不了子、午、卯，酉；中元头一天的地支为四孟之一的，出不了寅、申、巳、亥；下元头一在的地支为四季之一，出不了辰、戌、丑、未。

上面所谈的两点综合到一起来看，每个节气上中下三元每元第一天天干地支的规律是：

每个节气上元第一天的干支不是甲子或甲午，就是己卯或己酉；中元第一天的干支不是甲申或甲寅，就是己巳或乙亥；下元第一天的干支不是甲戌或甲辰，就是己丑或己未。

所以要判断当日属于哪一局，就要看这一日属于哪个节气。从大的范围来说，从冬至到芒种这十二个节气里为阳遁，从夏至到大雪大概的这十二个节气里为阴遁。从小范围来说，在确定了这一天为阴遁还是阳遁之后，就要看这一天属于哪一个节气的哪一元，就知道这一天属于哪一局。

拆补法是把上、中、下三元放在每一个节气之中，又遵循六十甲子循环中子、午、卯、酉为上元，寅、申、巳、亥为中元，辰、戌、丑、未为下元的规律，只要一进入交节时辰，就用这个节气规定的遁甲局。这样就出现了残上——中元——下元——补上或残下

——上元——中元——补下的局面，因而又叫做拆补局。在用奇门遁甲研究彩票过程中，拆补法定局简单实用，预测彩票中奖号码准确率较高。

时家奇门的起局步骤和方法：第一，根据二十四节气和日干支，确定问事日所应用局数。第二，根据历书知道问事日处在哪一个节气，然后根据日干支以甲、己为符头，日支子午卯酉为上元，寅申巳亥为中元，辰戌丑未为下元的规律，确定该日为上、中、下某元，由此得知，该用阳遁几局或阴遁几局。

例如，2010 年 10 月 1 日福彩 3D 戌时开奖，该用什么局？

首先我们要明白 10 月 1 日是夏至后，启用阴遁九局。10 月 1 日干支甲申，时处秋分后，符合阴遁歌大暑、秋分七一四，符头甲申日地支申处寅申巳亥中，为中元，那么当天应该是阴遁一局。

例如，2010 年 9 月 30 日福彩双色球亥时开奖，该用什么局？

首先我们要明白 9 月 30 日是夏至后，启用阴遁九局。9 月 30 日干支癸未，时处秋分后，符合阴遁歌大暑、秋分七一四，符头己卯日处地支子午卯酉中，为上元，那么当天该是阴遁七局。

三、天盘、地盘、人盘和神盘

奇门讲究天盘、地盘、人盘和神盘。

1. “天盘”指九星，即：天蓬，天芮，天冲，天辅，天禽，天心，天柱，天任，天英。九星在奇门中代表天时，即天体运动对地球和人类的影响。

九星在九宫的固定位置如图所示：（阴阳遁一样）

辅	英	芮
冲	禽	柱
任	蓬	心

2. “地盘”指九宫，即：洛书九宫。如下图：

四	九	二
三	五	七
八	一	六

口诀：

戴九履一

左三右七

二四为肩

六八为足

五居中宫

3. “人盘”是指八门，即：休门，生门，伤门，杜门，景门，死门，惊门，开门。简称：休，生，伤，杜，景，死，惊，开。八门在奇门中代表人事。

八门在九宫的固定位置如图所示（阴阳遁一样）：

杜	景	死
伤		惊
生	休	开

4. “神盘”是指八神，即：值符，螣蛇，太阴，六合，白虎，玄武，九地，九天。八神是古人在天人感应中发现的与九宫八卦有对应性质的八种神秘力量。八神在九宫的固定位置如图所示：

蛇	符	天
阴		地
合	虎	武

（阴循逆排）

天	符	蛇
地		阴
武	虎	合

（阳遁顺排）

第二节　天干地支

天干地支，简称“干支”。在中国古代的历法中，甲、乙、丙、丁、戊、己、庚、辛、壬、癸被称为“十天干”，子、丑、寅、卯、辰、巳、午、未、申、酉、戌、亥叫作“十二地支”。十干和十二支依次相配，组成六十个基本单位，两者按固定的顺序互相配合，就组成了干支纪法。从殷墟出土的甲骨文来看，天干地支在我国古代主要用于纪日，还曾用来纪月、纪年、纪时等。

天干地支产生于汉代，它以立春而不是以农历的正月初一作为一年的开始。天干地支简称“干支”。“辞源”里说，“干支”取义于树木的“干枝”。十天干：甲、乙、丙、丁、戊、己、庚、辛、壬、癸；十二地支：子、丑、寅、卯、辰、巳、午、未、申、酉、戌、亥（注：十二地支对应十二生肖——子：鼠；丑：牛；寅：虎；卯：兔；辰：龙；巳：蛇；午：马；未：羊；申：猴；酉：鸡；戌：狗；亥：猪）。我国历法以月球绕地球一周的时间（29.5306天）为一月，以地球绕太阳一周的时间（365.2419 天）为一年，为使一年的平均天数与回归年的天数相符，设置闰月。据记载，公元前六世纪中国开始采用十九年七闰月法协调阴历和阳历。

天干地支，是古人建历法时，为了方便做 60 进位而设出的符号。对古代的中国人而言，天干地支的存在，就像阿拉伯数字般的单纯，而且后来更开始把这些符号运用在地图、方位及时间（时间轴与空间轴）上，所以这些数字被赋予的意思就越来越多了。

古人观测朔望月，发现两个朔望月约是 59 天的概念。12 个朔望月大体上是 354 天多（与一个回归年的长度相近似），古人因此就得到了一年有 12 个月的概念。在搭配日记法（十天干），产生阴阳合历，发展出现在的天干地支；较为成熟时应该是在夏商周三代。

天干地支的含义。

1. 干者犹树之干也。

甲：像草木破土而萌，阳在内而被阴包裹。

乙：草木初生，枝叶柔软屈曲。

丙：炳也，如赫赫太阳，炎炎火光，万物皆炳燃着，见而光明。

丁：草木成长壮实，好比人的成丁。

戊：茂盛也，象征大地草木茂盛繁荣。

己：起也，纪也，万物抑屈而起，有形可纪。

庚：更也，秋收而待来春。

辛：金味辛，物成而后有味，辛者，新也，万物肃然更改，秀实新成。

壬：妊也，阳气潜伏地中，万物怀妊。

癸：揆也，万物闭藏，怀妊地下，揆然萌芽。

2. 支者犹树之枝也。

子：孳也，阳气始萌，孳生于下也。

丑：纽也，寒气自屈曲也。

寅：濥也，正月，阳气动，去黄泉，欲上出，阴尚强也。

卯：冒也，万物冒地而出。

辰：伸也，万物舒伸而出。

巳：巳也，阳气毕布已矣。

午：仵也，阴阳交相愕而仵。

未：眛也，日中则昃，阳向幽也。

申：伸束以成，万物之体皆成也。

酉：就也，万物成熟。

戌：灭也，万物灭尽。

亥：核也，万物收藏，皆坚核也。

考古发现，在商朝后期帝王帝乙时的一块甲骨上，刻有完整的六十甲子，可能是当时的日历。这也说明在商朝时已经开始使用干支纪日了。

干支法在中国古代一直使用，从未间断。因此对研究历史很有帮助，非常容易推算历史时间。

十天干与十二地支的组合，就形成了六十甲子。六十甲子用以阐述天人之学。

十二地支就是十二生肖，十二生肖最早见于世界上第一部诗歌总集《诗经》。据说，以十二种动物取代十二地支，来代表十二个月令，是汉朝东方朔的想法。有明确记载的是东汉王充的《论衡·言毒篇》，提到了十二种动物的名称。用十二生肖来计年，也起于东汉。至于为什么要选定十二种动物作标志，最早可能与图腾有关。

六十花甲子天干和二十地支顺序搭配

历法用天干、地支编排年号和日期，天干共十个字，因此又称为“十天干”，其排列顺序为：甲、乙、丙、丁、戊、已、庚、辛、壬、癸；地支共十二个字，排列顺序为：子、丑、寅、卯、辰、巳、午、未、申、酉、戌、亥。其中甲、丙、戊、庚、壬为阳干，乙、丁、已、辛、癸为阴干。子、寅、辰、午、申、戌为阳支，丑、卯、巳、未、酉、亥为阴支。

以一个干和一个地支相配，排列起来，天干在前，地支在后，天干由甲起，地支由子起，阳干对阳支，阴干对阴支（阳干不配阴支，阴干不配阳支）得到六十年一周期的甲子回圈，称为“六十甲子”。它构成了下表所示的60个干支，俗称“六十花甲子”。一般用于年、月、日、时的纪序。

甲子，乙丑，丙寅，丁卯，戊辰，己巳，庚午，辛未，壬申，癸酉，甲戌，乙亥，丙子，丁丑，戊寅，己卯，庚辰，辛已，壬午，癸未，甲申、乙酉，丙戌，丁亥，戊子，己丑，庚寅，辛卯，壬辰，癸巳，甲午，乙未，丙申，丁酉，戊戌，己亥，庚子，辛丑，壬寅，癸卯。

甲辰，乙巳，丙午，丁未，戊申，己酉，庚戌，辛亥，壬子，癸丑，甲寅，乙卯，丙辰，丁巳，戊午，己未，庚申，辛酉，壬戌，癸亥。

干支，是应用易学在实践方面的重要手段和途径之一，很多事物的发展规律都是通过它来认知的。现代社会讲求人性化，以人为本，强调人本位。对待干支也一定要赋予人性化。六十甲子，不管是文官或是武将，统称大将军。太岁，为每年行年干支的称谓；例如今年是二〇〇七年，太岁为丁亥。

甲子太岁称金辩大将军，甲申（二〇〇四年）太岁是高赓，乙酉（二〇〇五年）太岁是蒋专……每年都有太岁具名可拜。因此拜太岁时，要知道拜的是谁。

六十甲子各自有其名，并对应不同的人物典故。有了名字后，就有了人本位，具备了人性。

地支与五行方位的关系

子（鼠）属阳水，北方；亥（猪）属阴水，北方。

寅（虎）属阳木，东方；卯（兔）属阴木，东方。

巳（蛇）属阴火，南方；午（马）属阳火，南方。

申（猴）属阳金，西方；酉（鸡）属阴金，西方。

辰（龙）、戌（犬）属阳土，中方；

丑（牛）、未（羊）属阴土，中方。

天干与五行方位的关系

甲为栋梁之木，东方。乙为花果之木，东方。丙为太阳之火，南方。丁为灯烛之火，南方。戊为城墙之土，中方。己为田园之土，中方。庚为斧钺之金，西方。辛为首饰之金，西方。壬为江河之水，北方。癸为雨露之水，北方。

天干地支与十二生肖的关系

在中国古代的历法中，甲、乙、丙、丁、戊、己、庚、辛、壬、癸被称为“十天干”，子、丑、寅、卯、辰、巳、午、未、申、酉、戌、亥叫作“十二地支”。两者按固定的顺序互相配合，组成了干支纪法。从殷墟出土的甲骨文来看，天干地支在我国古代主要用于纪日，此外还曾用来纪月、纪年、纪时等。夜晚十一时到凌晨一时是子时，此时老鼠最为活跃。凌晨一时到三时，是丑时，牛正在反刍。据说也是牛开始耕田的时刻。三时到五时，是寅时，此时老虎到处游荡觅食，最为凶猛。五时到七时，为卯时，这时太阳尚未升起，月亮还挂在天上，此时玉兔捣药正忙。人间的兔子也开始出来觅食。上午七时到九时，为辰时，这正是神龙行雨的好时光。九时到十一时，为巳时，蛇开始活跃起来。上午十一时到下午一时，阳气正盛，为午时，正是天马行空的时候。下午一时到三时，是未时，羊在这时吃草，会长得更壮。下午三时到五时，为申时，这时猴子活跃起来。五时到七时，为酉时，夜幕降临，鸡开始归窝。晚上七时到九时，为戌时，狗开始守夜。晚上九时到十一时，为亥时，此时万籁俱寂，猪正在鼾睡。

天干地支纪年

干支纪年萌芽于西汉，始行于王莽，通行于东汉后期。干支纪年，一个周期的第一年为“甲子”，第二年为“乙丑”，依此类推，60 年一个周期；一个周期完了重复使用，周而复始，循环下去。(60 是 10、12 的最小公倍数，所以每 60 年为一周期)。如 1644 年为农历甲申年，60 年后的 1704 年同为农历甲申年，300 年后的 1944 年仍为农历甲申年，所以一代文豪郭沫若写有《甲申三百祭》；1864 年为农历甲子年，60 年后的 1924 年同为农历甲子年；1865 年为农历乙丑年，1925、1985 年同为农历乙丑年，依次类推。

必须特别注意的是干支纪年是以立春作为一年即岁次的开始，是为岁首，不是以农历正月初一作为一年的开始。例如，1984 年大致是岁次甲子年，但严格来讲，当时的甲子年是自 1984 年立春起，至 1985 年立春止。

天干地支纪月

干支纪月时，每个地支对应二十四节气自某节气（非中气）至下一个节气，以交节时间决定起始的一个月期间，而不是农历某月初一至月底。许多历书注明某农历月对应某干支，只是近似而非全等对应。若遇甲或已的年份，正月大致是丙寅；遇上乙或庚之年，正月大致为戊寅；丙或辛之年正月大致为庚寅，丁或壬之年正月大致为壬寅，戊或癸之年正月大致为甲寅。依照正月之干支，其余月份按干支推算。有歌诀为证：甲已之年丙作首，乙庚之岁戊为头；丙辛必定寻庚起，丁壬壬位顺行流；更有戊癸何方觅，甲寅之上好追求。下表是地支纪月时对应的节气时间段、中气、近似农历月份、近似阳历月份、以及年天干和月地支构成的月干支：

月地支	节气时间段	中气	近似农历月份	近似阳历月份	甲或己年	乙或庚年	丙或辛年	丁或壬年	戊或癸年
寅月	立春—惊蛰	雨水	正月	2月	丙寅月	戊寅月	庚寅月	壬寅月	甲寅月
卯月	惊蛰—清明	春分	二月	3月	丁卯月	己卯月	辛卯月	癸卯月	乙卯月
辰月	清明—立夏	谷雨	三月	4月	戊辰月	庚辰月	壬辰月	甲辰月	丙辰月
巳月	立夏—芒种	小满	四月	5月	己巳月	辛巳月	癸巳月	乙巳月	丁巳月
午月	芒种—小暑	夏至	五月	6月	庚午月	壬午月	甲午月	丙午月	戊午月
未月	小暑—立秋	大暑	六月	7月	辛未月	癸未月	乙未月	丁未月	己未月
申月	立秋—白露	处暑	七月	8月	壬申月	甲申月	丙申月	戊申月	庚申月
酉月	白露—寒露	秋分	八月	9月	癸酉月	乙酉月	丁酉月	己酉月	辛酉月
戌月	寒露—立冬	霜降	九月	10月	甲戌月	丙戌月	戊戌月	庚戌月	壬戌月
亥月	立冬—大雪	小雪	十月	11月	乙亥月	丁亥月	己亥月	辛亥月	癸亥月
子月	大雪—小寒	冬至	十一月	12月	丙子月	戊子月	庚子月	壬子月	甲子月
丑月	小寒—立春	大寒	十二月	1月	丁丑月	己丑月	辛丑月	癸丑月	乙丑月

干支纪月法未普遍实行，主要为星相家推算八字用。

天干地支的刑、冲、害、化、合

● 刑，意思是彼此妨碍，不相融和。

十二地支有三刑：子、卯一刑；寅、巳、申二刑；丑、戌、未三刑。

● 冲，是冲突，冲激之意，有天干与地支两种相冲。

天干中有甲庚、乙辛、壬丙、癸丁四种对冲关系。

十二地支中每隔六位就要相互冲激，共有子午、丑未、寅申、卯酉、辰戌、巳亥六对，因而又叫天冲。即：

子（鼠）与午（马）相冲，

丑（牛）与未（羊）相冲，

寅（虎）与申（猴）相冲，

卯（兔）与酉（鸡）相冲，

辰（龙）与戌（犬）相冲，

巳（蛇）与亥（猪）相冲。

● 地支相害（穿）：害，又名穿，意思是彼此损害。有子未、丑午、寅巳、卯辰、申亥、酉戌六对，称六害。即：

子（鼠）与未（羊）相害，

丑（牛）与午（马）相害，

寅（虎）与巳（蛇）相害，

卯（兔）与辰（龙）相害，

申（猴）与亥（猪）相害，

酉（鸡）与戌（犬）相害。

● 地支相刑（妨）：

刑，意思是彼此妨碍，不相融和。命书中十二地支有三刑：子卯一刑；寅、巳、申二刑；丑、戌、未三刑。即：

子（鼠）与卯（兔）相刑，

丑（牛）与戌（犬）相刑，

寅（虎）与巳（蛇）相刑，

辰（龙）与辰（龙）相刑，

巳（蛇）与申（猴）相刑，

午（马）与午（马）相刑，

未（羊）与丑（牛）相刑，

申（猴）与寅（虎）相刑，

酉（鸡）与酉（鸡）相刑，

戌（犬）与未（羊）相刑，

亥（猪）与亥（猪）相刑。

● 化，意思是化合、融合，只就天干而言。

十天干两两相化形成五种情形：甲己化土，乙庚化金，丙辛化水，丁壬化木，戊癸化火。

● 地支相合（和谐）：合，意思同化相同，只是对地支称为合。

地支之合有两种：

第一种是地支六合。两两相合，共计：子丑合土，寅亥合木，卯戌合火，辰酉合金，巳酉合水，午未为太阳太阴。（午与未相合化日月。）

第二种是地支三合。共四组：申子辰合水局，亥卯未合木局，寅午戌合火局，巳酉丑合金局。

由于万物归于土，所以辰、戌、丑、未合在一起合为土。

五行生旺墓绝

立春后的寅、卯月，木当令乘旺，木生火相（次旺），金、水被木耗泄呈衰弱休息状态，木旺克土，土崩。

立夏后的巳、午月，火旺，土相，水和木处于休眠状态，火克金消。

立秋后的申、酉月，金旺，水相，火与土休囚，金克木死。

立冬后的亥、子月，水旺，木相，土、金休囚，水旺火熄。

四季末的辰、未、戌、丑月，土旺，金相，木火休囚，土克水止。

第三节　打开奇门遁甲的钥匙

洛书九宫。洛书：古称龟书，传说有神龟出于洛水，其甲壳上有此图象，结构是戴九履一，左三右七，二四为肩，六八为足，以五居中，五方白圈皆阳数，四隅黑点为阴数。前人指出，洛书数字本太一下九宫而来，以四十五数演星斗之象。九宫八风图配合八风，八卦，中央一宫，即洛书的中宫，乃周围八宫的核心。古人观测天象，认为北极星（太乙）之位恒居北方，可以作为中心以定位的标准。九宫是据北斗斗柄所指，从天体中找出九个方位上最明亮的星为标志，便于配合斗柄以辨方定位，发现九星的方位及数目，即洛书的方位和数目。

北极居中何以能下九宫。前人指出，体为北极，用在北斗，以斗为帝车，言北斗为北极帝星所乘之车，因北斗绕北极而旋转，就是北极帝星乘车临御八方之象。若根据斗柄旋指的八宫方位，便能推知四时八节的气象变化，也就是九代表了不同的时序。

洛书九宫数，以一、三、七、九为奇数，亦称阳数，二、四、六、八为偶数，亦称阴数。阳数为主，位居四正，代表天气；阴数为辅，位居四隅，代表地气；五居中，属土气，为五行生数之祖，位居中宫，寄旺四隅。由此可得出以下三点：一、洛书九宫是观测太一之车，即北斗斗柄从中央临御四正四隅而形成的。二、提出了洛书九宫与八卦的阴阳变化存在的密切关系。三、阐明了“太一游宫”引起的四时八节及二十四节气的节令转移和气象变化。

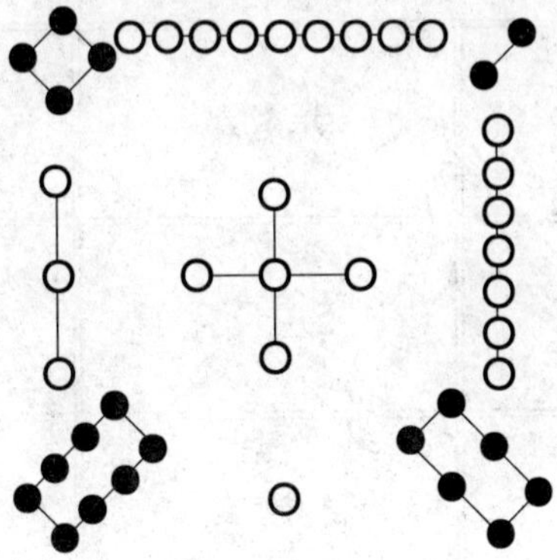

洛书图

洛书是术数中乘法的起源。

4	9	2
3	5	7
8	1	6

六八为足，腰为七三；二四为肩，一九中穿；五为中间。

洛书与九宫有着密不可分别的关系。

4 巽宫	9 离宫	2 坤宫
3 震宫	5 中宫	7 兑宫
8 艮宫	1 坎宫	6 乾宫

口诀：一数坎兮二数坤，三震四巽数中分；五为中宫六乾是，七兑八艮九离门。

把九宫图中的数字排列来进行详解一番，便可看出一定道理来。首先在九宫图中数字之和等于十五，这一点恐怕所有的人都知道，就是横坚斜相加都等于十五。

4+9+2=15

3+5+7=15

8+1+6=15

4+3+8=15

9+5+1=15

2+7+6=15

4+5+6=15

2+5+8=15

目前，学术界公认中国古籍第一次记载河图、洛书的是西周初期王宫史官记载的《尚书·顾命篇》。关于洛书的来源，《周易·系辞上》载："河出图，洛出书，圣人则之。"那么"洛书"究竟是在什么时间，什么地点，由哪位圣人创出，怎样得到的呢？大体有如下三种说法。

其一，伏羲说。《辞海》在解释"河图洛书"一词时说："……传说伏羲氏时，有龙马从黄河出现，背负'河图'；有神龟从洛水出现，背负'洛书'。伏羲根据这种'图'、'书'画成八卦，就是后来《周易》的来源。"

其二，黄帝、仓颉说。《史记音义》云："黄帝东巡河过洛，修坛沉璧，受龙图于河，龟书于洛。"《水经注·洛水条》引《地记》说："洛水东入于中提山间，东流汇于伊是也。昔黄帝之时，天大雾三日，帝游洛水之上，见大鱼，煞五牲以醮之；天乃甚雨，七日七夜，鱼流始得图书。"南朝梁文学家沈约《宋书》说："黄帝坐于玄沪、洛水之上，有凤凰衔图置帝前。”罗苹注《河图玉版》云：“仓颉为帝南巡，登阳虚之山，临于玄沪洛 之水，灵龟负书，丹甲青文以授之。”

其三，大禹说。《辞海》在解释“河图洛书”一词时又说：“一说禹治洪水时，上帝赐给他以《洪范九畴》（《尚书·洪范》）。刘歆认为《洪范》即洛书。”《后汉书·五行志》载：“禹治洪水，得赐‘洛书’，法而陈之，《洪范》是也。”又《汉孔安国传》载：“天与禹洛出书。神龟负文而出，列于背，有数至于九。禹遂因而第之，以成九类常道。”

洛书九宫在数学上的应用及公式

三宫格（和15）

九码图

8	1	6
3	5	7
4	9	2

五宫格（和65）

二十五码图

17	24	1	8	15
23	5	7	14	16
4	6	13	20	22
10	12	19	213	
11	18	25	2	9

七宫格（和175）

四十九码

30	39	48	1	10	19	28
38	47	7	9	18	27	29
46	6	8	17	26	35	37
5	14	16	25	34	36	45
13	15	24	33	42	44	4
21	23	32	41	43	3	12
22	31	40	49	2	11	20

九宫格（和369）

八十一码图

47	58	69	80	1	12	23	34	45
57	68	79	9	11	22	33	44	46
67	78	8	10	21	32	43	54	56
77	7	18	20	31	42	53	55	66
6	17	19	30	41	52	63	65	76
16	27	29	40	51	62	64	75	5
26	28	39	50	61	72	74	4	15
36	38	49	60	71	73	3	14	25
37	48	59	70	81	2	13	24	35

这是八十一宫格的排列图，你可以从中找出规律。

首先在第一行中间写下1，然后向下移动到最底下，向右移一格写下2，然后一下向右上方写到最边处。

然后平移到最左边，向上移动一格再向右上方写。遇到数字后向下写一格，继续向右上写。

按此规律，可写出任意奇数的平方宫格。

奇门遁甲将后天时间空间方位图与洛书九宫组合在一起，就形成了地盘的九宫格局。九宫是奇门遁甲排局的框架和阵地，它是洛书与后天八卦的结合。中宫之数为五，寄于坤宫。这样，依照次序便是：

一宫坎（北），二宫坤（西南），三宫震（东），四宫巽（东南），五宫中（寄于坤），六宫乾（西北），七宫兑（西），八宫艮（东北），九宫离（南）。九宫八卦图图示如下：

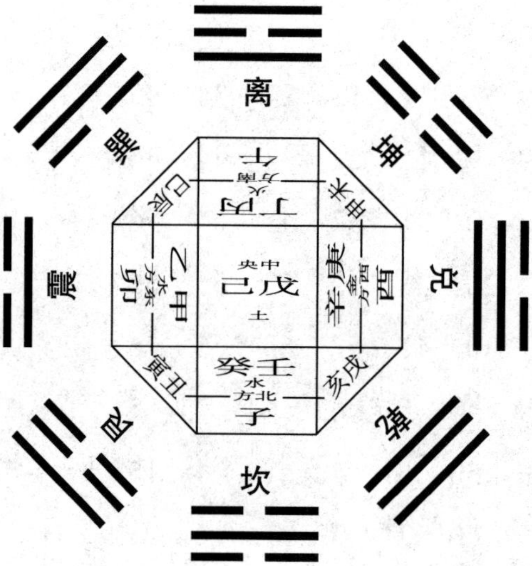

我们明白了九宫是排局的框架和阵地，那么又是用什么来排局的呢？这就是三奇和六仪。

六仪

就是：戊（甲子）、己（甲戌）、庚（甲申）、辛（甲午）、壬（甲辰）、癸（甲寅）。

三奇

就是：乙奇（日奇）、丙奇（月奇）、丁奇（星奇）。

排局的次序就是：戊、己、庚、辛、壬、癸、丁、丙、乙。

所谓几局，就是排局时甲子戊居于几宫，一局就是甲子戊在坎一宫，二局就是甲子戊在坤二宫，其他各局以此类推。

三奇六仪在九宫格中依次有 18 种不同的排列方式，奇门遁甲称之为阴阳十八局。我们在使用奇门遁甲模型模拟预测时，第一步就是首先确定遁甲用事局象，即从阴阳十八局中挑选一种符合特定时空条件的局象。其具体的排列规则如下：

1. 在八卦九宫格中，顺布六仪，逆布三奇即称之为阳遁，就是从一宫到九宫，按戊、己、庚、辛、壬、癸、丁、丙、乙这个顺序顺排；共有九种排列方式，故称阳遁九局。其中戊起始（奇门称起元）于几宫，就叫做阳遁几局。例如：阳遁一局，戊起布于坎一宫，依次二宫、三宫、四宫、五宫、六宫，把己、庚、辛、壬、癸排列其中，即己在坤二宫，庚落震三宫，辛落巽四宫，壬落中五宫，癸落乾六宫，剩余兑七宫，艮八宫、离九宫三宫，恰配乙丙丁三奇，逆而行之，即乙配九宫，丙则配八宫，丁配七宫。

2. 在九宫格中，逆布六仪，顺布三奇即称阴遁，共有九种排列方式，故称阴遁九局，就是从九宫到一宫，按着这个按戊、己、庚、辛、壬、癸、丁、丙、乙这个顺序逆排。其中戊起始（起元）于几宫，就叫做阴遁几局。例如：阴遁八局，戊起布于艮八宫，逆行九宫仿次是七宫、六宫、五宫、四宫、三宫，分别将己、庚、辛、壬、癸排列其中，即己在兑七宫，庚落乾六宫，辛落中五宫，壬落巽四宫，癸落震三宫，余九宫、一宫、二宫，恰配乙丙丁三奇，顺行布之，即乙配九宫，丙落一宫，丁落二宫。

甲子戊遁在几宫，就是几局。换句话说，一提阳遁几局，就指的是甲子戊在几宫。比如说，阳遁三局，我们即知甲子戊在三宫，按阳遁顺排的规律，则二甲甲戌己在四宫，三甲甲申庚在五宫（寄坤二宫），四甲甲午辛在六宫，五甲甲辰壬在七宫，六甲甲寅癸在八宫，丁奇在九宫，丙奇在一宫，乙奇在二宫。一提阴遁几局，也是指甲子戊在几宫，只不过他们的排列顺序有顺逆之分罢了。比如说阴遁四局，我们即知甲子戊在四宫，按阴遁逆排的规律，二甲甲戌己在三宫，三甲甲申庚在二宫，四甲甲午辛在一宫，五甲甲辰壬在九宫，六甲甲寅癸在八宫，丁奇在七宫，丙奇在六宫，乙奇在五宫（寄坤二宫）。我们只要记熟了六甲隐在六仪下的固定位置，那么我们就可以随时推演九宫八卦阵，即奇门遁甲的格局了。

以上介绍的就是六仪三奇的排列方式。如下图所示。

辛四宫	乙九宫	己二宫
庚三宫	壬五宫	丁七宫
丙八宫	戊一宫	癸六宫

阳遁一局（起元一宫）

庚四宫	丙九宫	戊二宫
己三宫	辛五宫	癸七宫
丁八宫	乙一宫	壬六宫

阳遁二局（起元二宫）

己四宫	丁九宫	乙二宫
戊三宫	庚五宫	壬七宫
癸八宫	丙一宫	辛六宫

阳遁三局（起元三宫）

戊	癸	丙
乙	己	辛
壬	丁	庚

阳遁四局（起元四宫）

乙	壬	丁
丙	戊	庚
辛	癸	己

阳遁五局（起元五宫）

丙	辛	癸
丁	乙	己
庚	壬	戊

阳遁六局（起元六宫）

丁	庚	壬
癸	丙	戊
己	辛	乙

阳遁七局（起元七宫）

癸	己	辛
壬	丁	乙
戊	庚	丙

阳遁八局（起元八宫）

壬	戊	庚
辛	癸	丙
乙	己	丁

阳遁九局（起元九宫）

丁四宫	己九宫	乙二宫
丙三宫	癸五宫	辛七宫
庚八宫	戊一宫	壬六宫

阴遁一局（起元一宫）

丙四宫	庚九宫	戊二宫
乙三宫	丁五宫	壬七宫
辛八宫	己一宫	癸六宫

阴遁二局（起元二宫）

乙四宫	辛九宫	己二宫
戊三宫	丙五宫	癸七宫
壬八宫	庚一宫	丁六宫

阴遁三局（起元三宫）

戊	壬	庚
己	乙	丁
癸	辛	丙

阴遁四局（起元四宫）

己	癸	辛
庚	戊	丙
丁	壬	乙

阴遁五局（起元五宫）

庚	丁	壬
辛	己	乙
丙	癸	戊

阴遁六局（起元六宫）

辛	丙	癸
壬	庚	戊
乙	丁	己

阴遁七局（起元七宫）

壬	乙	丁
癸	辛	己
戊	丙	庚

阴遁八局（起元八宫）

癸	戊	丙
丁	壬	庚
己	乙	辛

阴遁九局（起元九宫）

在第一节中我们简单介绍了地盘与天盘、人盘、神盘，在这里我们再进行具体讲解。时家奇门演局的规律，都是讲的六甲和乙丙丁，根据不同季节、不同日子、不同时辰，在九宫八卦阵上排演的规律，也就是在地盘上排演的规律。根据阴阳五行、天人感应、宇宙全息思维的认知原理，奇门遁甲在确定了地盘的基础上，又安排了天盘、人盘和神盘三层要素。

八门、九星、八神

1. 八门

就是：休门、生门、伤门、杜门、景门、死门、惊门、开门。

总分吉门和凶门。下面加粗的为凶门。

所谓八门是指奇门遁甲跟据八卦方位所定的八个不同角度。

休门、生门、伤门、杜门、景门、死门、惊门、开门各有不同的代表意义。

（1）开门：开门居西北乾宫，五行属金。乾卦是八卦之首，为天为父，于社会为首长；乾纳甲壬，乾位有亥，亥为甲木长生之地，甲又为十干之首，所以古人把对应乾宫 的门命名为开门，喻万物开始之意，为大吉大利之门。考诸中国历史，几乎所有开国之君俱从西北乾位开创基业，开门之名不虚也。

开金，旺于秋季，特别是戌、亥月，相于四季末，休于冬，囚于春，死于夏。开门居乾宫伏吟，居巽宫反吟，居艮宫入墓，居离宫受制，居坤宫大吉，居兑宫旺相，居坎宫次吉，居震宫为迫。

开门大吉，利于开业经商，征战远行，考学参军，婚娶乔迁，建筑贸易，添人进口，治病求医。

（2）休门：休门居北方坎宫，属水。坎水得乾金之生，于人为中男，上有兄下有弟，从容休闲；又坎宫处冬季最寒冷季节，万物休息冬眠，故古人命名为休门，乃休养生息之地。亦为吉利之门。

休水，旺于冬季，特别是子月，相于秋，休于春，囚于夏，死于四季末月。休门居坎宫为伏吟，居离宫反吟，居巽宫入墓，居坤艮二宫受克，居乾兑二宫大吉，居震宫次吉。

休门也为吉门，利于求见领导和贵人，上官赴任，嫁娶迁徙，经商建造，但不利行刑断狱。

（3）生门：生门属土，居东北方艮宫，正当立春之后，万物复苏，阳气回转，土生万物，所以古人命名为生门，大吉大利之门。

生门旺于四季月，特别是丑、寅之月，相于夏，休于秋，囚于冬，死于春。生门居艮宫伏吟，居坤宫反吟，居巽宫入墓，居震宫受克，居离宫大吉，居乾兑二宫次吉，居坎宫被迫。

生门大吉，利于求财，特别是利于从事房地产、种植业、养殖业等。征战出行、嫁娶建造也为吉利。但不利埋葬治丧。

（4）伤门：伤门居东方震宫，五行属木，正当卯月春分之后甲木帝旺之时，旺则易折；震卦主动，动则易伤；元帅甲子常隐于戊土之下，子与卯相刑，刑则受伤，故古人将与震宫对应的八门命名为伤门。伤门属凶门，主人遭疾病刑伤之象。

伤门属木，旺于春，特别是卯月，相于冬，休于夏，囚于四季月，死于秋。伤门居震宫伏吟，居兑宫反吟，居坤宫入墓，居坎宫生旺大凶，居乾宫受制，居艮宫被迫大凶，居离宫泄气。

伤门为凶门，不利经商、出行、赴任、修造、嫁娶，经商易破财，出行易有灾。但适宜于索债、捕捉盗贼、渔猎、赌钱等。

（5）杜门：杜门居东南巽宫，属木。巽为长女，受乾父之冲克，又克坤母，与父母皆不和，故在家中处事杜塞不利；又巽宫位有辰土，既是水墓、土墓，又是辛金之墓；又我国东南方面临大海，周秦时代以黄河流域中原一带为中心，尚缺乏海上交通，故大陆到海边就杜塞不通了；又八卦九宫均为阴阳对立统一格局，西北方为开门，与它对冲的东南方自然就命名为杜门，一开一杜，二者对立统一，4 +6 –10，统一于五行地数（9 为天数，先天八卦对冲方位二卦相加均为9 数；后天八卦对冲 方位二卦相加均为10 数，10 为地数）。

杜门属木，旺于春季，特别是辰、巳月，相于冬，休于夏，囚于四季月，死于秋。杜门居巽宫伏吟，居乾宫反吟，居坤宫入墓，居兑宫受克，居艮宫被迫，居坎宫受生，居震宫比和，居离宫泄气。

杜门小凶，也为中平。在人事上多主武官、军队、警察、公安、安全等具有保密检察性质的单位。杜门为藏形之方，适宜于躲灾避难、捕盗剿贼、防洪筑堤、判决隐狱等，余事皆不利。

（6）景门：景门居南方离宫，属火。在家中为中女，克乾金之父，与丈夫中男坎水对冲，易动口舌，常有血光之灾；又景门正当日升中天、大放光明之时，但烈日炎炎，虽夏季景色美丽，但难免有酷暑之忧；又景门所在离宫正南与正北坎宫休门相对，一个万物闭藏休息，一个万物繁茂争长，故古人命名为景门。

景门属火，旺于夏，特别是午月，相于春，休于四季月，囚于秋，死于冬。居离宫伏吟，居坎宫反吟，居乾宫入墓，居兑宫被迫，居震、巽二宫生旺，居坤、艮二宫生宫。

景门小吉，亦为中平。宜于献策筹谋，选士荐贤，拜职遣使，火攻杀戮，余者不利，谨防口舌及血光火灾。景门多主文书之事。死门：死门居西南坤宫，属土。死门与艮宫生门相对，万物春生秋死，春种秋收，故命名为死门。

（7）死门属土，旺于秋季，特别是未、申月，相于夏，囚于冬，死于春。居坤宫伏吟，居艮宫反吟，居巽宫入墓，居震宫受克，居离宫生旺大凶，居坎宫被迫大凶，居乾、兑二宫相生。

死门为凶门，不利吉事，只宜吊死送丧，刑戮争战，捕猎杀牲。惊门：惊门居西方兑位，属金。正当秋分、寒露、霜降之时，金秋寒气肃杀，草木面临凋蔽，一片惊 恐萧瑟之象；又兑卦为泽，为缺，为破损；又兑主口，主口舌官非，故古人将此门命名为惊门，与东方震宫伤门相对应。

（8）惊门属金，旺于秋，特别是酉月，相于四季月，休于冬，囚于春，死于夏。居兑宫伏吟，居震宫反吟，居艮宫入墓，居离宫受制，居巽宫为迫，居坎宫泄气，居坤宫受生，居乾宫比和。

惊门也是一凶门，主惊恐、创伤、官非之事。适宜斗讼官司、掩捕盗贼、蛊惑乱众、设疑伏兵、赌博游戏，其余事不可为。

奇门遁甲八门中开、休、生三门为三吉门，一般求财出行婚姻嫁娶皆宜，所谓出吉门系指往当日吉门的方向行走 15 分钟以上才会有效果。如吉门在西方，就必须先往西方行走 15 分钟以上，才可转往目的地，若目的地本来就在西方，则可以出门时直接前往。求财用生门，考试用景门，索债用伤门，如孤虚法。

原文：

九天玄女曰：此法背孤击虚，一女可敌十夫，取击对冲之方是也，万无一失。

用法：

古时用于出征，现今一般用于战斗博戏，如各类比赛，牌局，均能百战百胜。

例如：

甲子日子时至酉时，孤在戌亥，戌亥在西北方，这段时间坐西北方大胜。因为西北是开门方。

- **八门的运行规律**

八门的运转规律是随时宫，即按照阳遁顺行、阴遁逆行，随着时辰的地支和九宫的顺序运转，也是一个时辰换一个宫位。

（1）首先规定地盘九星值符所对应的地盘八门为值使门。所谓值使门，也称值事门，即掌管世间人事吉凶成败的八门中的值班者。也是管辖从旬首至旬尾十个时辰这一段时间。随着旬首和九星值符的变化轮流值日并做出相应的调整。

（2）值使门变化随时支。阳遁从旬首起，顺行九宫，至用事时支止。阴遁则从旬首起，逆行九宫，至用事时支止。即为值使门随时支变化后的落宫位置，其余八门则依原地盘次序顺次排布。

比如，冬至上元阳一局中某日戊戌时问卦。首先找出戊戌时属于甲午旬，冬至上元用阳遁一局，元帅甲子戊在一宫，大将甲午辛属于第四甲，自然就在四宫，即在甲午旬中由他在四宫带班值班十个时辰。找到旬头是四甲甲午辛，与地盘甲午辛所在四宫对应的天盘上的天辅星是值符，与它对应的杜门就是值班的门吏，传统上叫值使。值使杜门怎么运转呢？它根据阳遁顺行、阴遁逆行，按照时辰地支和九宫的次序运转，甲午辛在四宫，即地支午时杜门在四宫，未时在五宫，申时在六宫，酉时在七宫，戌时在八宫。即到戊戌时，值使杜门运转到八宫。如果是癸卯时，按照午（四）、未（五）、申（六）、酉（七）、戌（八）、亥（九）、子（一）、丑（二）、寅（三）、卯（四）顺行，即卯时，值使杜门又运转到四宫。

又比如，夏至上元某日己巳时问卦。用阴遁九局，己巳时属于甲子旬，甲子戊在九宫，与九宫对应的天盘上的天英星为值符，景门为值使。按照阴遁逆行的原则，景门随时辰地支和宫次逆行，即子时在九宫，丑时在八宫，寅时在七宫，卯时在六宫，辰时在五宫，巳时在四宫，即到己巳时，景门运转到四宫。到癸酉时，则午（三）、未（二）、申（一）、酉（九），即景门又运转到九宫了。

● 人盘八门和地盘宫位生克关系

奇门遁甲中将随值使门依次飞布的八门称人盘。根据人盘八门和其落座之九宫的五行属性，我们可将其两者的关系划分成制、迫、义、和、比五种关系。所谓制，是指宫克门，如伤门落乾兑二宫；迫，是指门克宫，如伤门落坤，艮二宫；义，是指宫生门，如伤门落坎一宫；和，是指门生宫，如伤门落离九宫；比，是指门宫五行同属，如伤门落震巽二宫。在具体应用过程中，一般来讲吉门被制、被迫，则吉事难成，遇生、比、和则吉上加吉；凶门被制、被迫，则凶事受制，凶事不起或凶中有解；遇义、比、和，则凶门之信息愈加强烈，凶之更甚。

天盘，就是讲天体运动对地球和人的影响。天上有九大行星，并非现代天文学上观测到的实际星座，而是古人在天人感应观中，凭经验和直感发现的与地球上九个方位 和周易八卦有对应关系的九种天体运动能量的代称。

2. 九星

九星就是：天蓬星、天任星、天冲星、天辅星、天英星、天芮星、天柱星、天心星和天禽星。奇门遁甲注重的是天、地、人时空全息，九宫八卦是代表“地”的，八门是代表“人”的，九星则代表“天”的，即“天时”、天体运动对地球和人类的影响。

古人从常见的行星中，根据它们运转歇宿的位置，选择其中有代表性的九颗，分别与地上的九宫八卦相对应。这就是与一宫对应的天蓬星，与二宫对应的天芮星，与三宫对应的天冲星，与四宫对应的天辅星，与五宫对应的天禽星，与六宫对应的天心星，与七宫对应的天柱星，与八宫对应的天任星，与九宫对应的天英星。如下图所示。

巽四宫 天辅星　杜门	离九宫 天英星　景门	坤二宫 天芮星　死门
震三宫 天冲星　伤门	中五宫 天禽星	兑七宫 天柱星　惊门
艮八宫 天任星　生门	坎一宫 天蓬星　休门	乾六宫 天心星　开门

奇门九宫九星八门配应图

一般说来，天心星、天任星、天禽星、天辅星为四吉星，天冲星是次吉之星；天蓬星、天芮星、天柱星为三凶星；天英星是中平之星。地盘是五天一变，即九宫八卦阵，五天换一种阵式，五天换一局，共有阴遁九 局，阳遁九局，十八种阵式。这就是说，在五天一元即一局中，地盘上的阵式、格局是不变的，地盘是不动的。而天盘上的九星是一直在运转的。九星运动的规律，是一个时辰换一个宫位，即随时辰天干而动，时辰的天干在哪一宫，值班的星球就运转到哪一宫，其他星球依次运转。

具体而言，根据预测时的时辰干支，首先找出这一干支所在的旬，是甲子旬，还是甲戌旬、甲申旬、甲午旬、甲辰旬或甲寅旬。知道了哪一旬，就知道了地盘上是六甲中哪一个在带班，站在几宫带班，与他所在宫位对应的天上九星之一就是值班的星座，奇门遁甲中叫值符。

比如冬至上元某日戊戌时预测，首先找出戊戌时属于甲午旬，冬至上元用阳遁一局，甲子戊在一宫，甲午辛属于第四甲，自然就在四宫，即在甲午旬中由他在四宫带班值班十个时辰。这是地盘上的阵式，与地盘上值班的甲午辛所在四宫对应的天上九星是天辅星，那么这个旬中天盘上就是天辅星为值班的星座，传统上就叫值符。

值符运转的规律是随时辰的天干。到戊戌时，天辅星运转到哪一宫呢？戊戌时的天干是戊，阳一局甲子戊在一宫，所以这时值班的星座天辅星运转到了一宫。如果是在甲午旬中的壬寅时间，时干是壬，壬是第五甲甲辰壬，阳一局甲辰壬在五宫、寄坤二宫，因此值符天辅星在壬寅时 就运转到五宫，也寄坤二宫。同样，癸卯时，天辅星转到六宫；丁酉时，由于时干丁奇在七宫，天辅星就转到七宫。以上是九星运转的规律，也就是奇门预测中拨转天盘的方法。

（1）天蓬星：原名贪狼星，与北方一宫坎卦相对应，阳星，五行属水。坎水正当隆冬季节，至寒至冷至暗，喜阴害阳，人们认为它和盗贼出没有关，所以把它称为凶星、盗星。

天蓬星临宫，宜安抚边境，修筑城池，兴作土木，培垫堤防，屯兵固守；余事不利，特别是经商出行易遇盗贼或破财、生病。

（2）天芮星：原名巨门星，与西南方二宫坤卦相对应，阴星，五行属土。因与八门中死门相对应，认为它的出没与疾病流行有关，所以把它称为病星、凶星，奇门预测疾病一般以它为用神，看它落在何宫及其旺相休囚，来定病的部位及轻重预后状况。

天芮星临宫，适宜受业师长、交纳朋友、屯兵固守，不宜用兵、嫁娶、争讼、迁徙、修造等。

（3）天冲星：原名禄存星，与东方三宫震卦相对应，阳星，五行属木。人们认为它有慈心造化，助人为乐之德，与农事活动有关，故把它称为吉星，但吉利程度不如天心、天任、天辅三星，所以有人叫它次吉之星。

天冲星临宫，宜于选将出师，征伐交战，鸣金击鼓，摇旗呐喊。其他一般或不利。

（4）天辅星：原名文曲星，与东南四宫巽卦相对应，阳星，五行属木。人们认为它是天上的文曲星，与文化教育事业有关，故称为大吉之星。

天辅星临宫百事皆宜，出行、经商、婚娶、修造均吉，特别利于升学考官，发展文化教育事业。

（5）天禽星：原名廉贞星，与中央五宫相对应，阳星，五行属土。土生万物，中宫是遁甲元帅值符所在之地，故为大吉之星。天禽星临宫，百事皆宜，四时皆吉。

（6）天心星：原名武曲星，与四宫天辅文曲星相对，处西北六宫乾位，阴星，五行属金。人们认为它能动能静，与乾卦为天为父为首长相应，长于心计，和领导才能、军事指挥、医疗治病有关，故称为大吉之星。

（7）天柱星：原名破军星，与西方七宫兑卦相对应，阴星，五行属金。人们认为它正当金秋肃杀之时，喜杀好战，与惊恐怪异、破坏毁折有关，故名为凶星。

天柱星临宫，宜于修筑营垒，训练士卒，屯兵固守，不宜出战交兵、经商远行，强行则车破马伤、士卒败亡、破财折本、意外伤灾。

（8）天任星：原名左辅星，与东宫艮卦相对应，阳星，五行属土。人们认为土能生万物，又正当春季万物萌生之时，故称之为吉星。

天任星临宫，宜立国邑，安人民，断决群凶，教化人民，入官见贵，商贾嫁娶，百事皆吉，四时皆宜。

（9）天英星：原名右弼星，与南方九宫离卦相对应，阴星，五行属火。人们认为天英星居离宫之位，烈火炎炎，性躁易暴，虽然如日升中天，大放光明，但又和血光之灾有关，故称之为中平之星，或小凶之星。

天英星临宫，宜于谋划献策，面君谒贵，不宜求财考官，嫁娶迁徙。

九星旺衰和吉凶推断

九星的旺衰规律，异于平常之天地五行旺衰规律。九星是：我生之月最旺，与我五行相同的月份为相（次旺），月建五行生助我的时候为废，我克月建五行时为 休，月建五行克我时为囚。《烟波钓叟赋》对九星之旺衰概括如下："与我同行即为相，我生之月诚为旺，废于父母休于财，囚于鬼兮真不妄"。例如天蓬星五行属水，亥子水月为其同行，故天蓬星在亥子水月处于次旺即相的状态；寅卯月为天蓬星水之所生，故寅卯月为天蓬星之旺季；金生水，为水之母，故天蓬星废于申酉金月；火为水所克，为水之财，故天蓬星休于巳午火月；五行克我者为鬼，土为水之鬼，故天蓬星囚于辰戌丑未土旺之月。其他八星之旺衰规律仿此。地下的五行分旺、相、休、囚、死，而把九星叫作旺、相、休、囚、废。九星的旺相休囚废从月令看。

八门、九星在活盘没有转动以前，在阴阳十八局中的位置是固定的，各局门、星的位置都是一样的。

一般说来，门和星的次序是从坎一宫休门天蓬星开始，顺时针方向旋转的，这就是：

休、生、伤、杜、景、死、惊、开。

蓬、任、冲、辅、英、芮、柱、心、禽。

3. 八神

现在谈八神。八神就是直符、螣蛇、太阴、六合、勾陈（阴遁为白虎）、朱雀（阴遁为玄武）、九地、九天。在活盘上，八神分别置于八宫，放在最上层的小盘中，这个小盘称神盘。阳遁阴遁八神

的排列有所不同，阳遁顺轮，阴遁逆转

(1) 值符。值符为八神之首，它具有中央戊己土的性能，可化育矛盾，消除百恶。数目：五、八。

(2) 腾蛇。丁火之化气，性虚柔而口毒。数目：四、九。

(3) 太阴。西方阴金之化气，性格阴匿、暗昧。数目：七、四、九。

(4) 六合。东方木之化气，性格柔顺和平，能通委曲，和合人事。数目：六、三。

(5) 白虎。庚金之化气，其性刚猛，专主权煞。数目：七、五。

(6) 玄武。水之精，统辖北方之气，性好阴谋，淫邪，喜贼盗。数目：四、一、六。

(7) 九地。坤土之化气，性格柔顺、安静、迟滞、吝啬，母后之象。数目：二、五、八。

(8) 九天。乾金之化气，性格刚强好动，奋发向上。数目：一、六。

八神之运行规律：

八神运转的规律比较简单，小值符永远追随大值符。阳遁时用阳遁八神的顺序，阴遁时用阴遁八神的顺序。每个时辰预测时，只要找出大值 符，即天盘上值班的星座之后，大值符运转到几宫，小值符也运转到几宫，其他七神依次旋转即可。与天盘九星值符相对应的即八神值符之位，值符之位确定之后，八神其余定位，遇阳遁则依次顺排蛇、太阴、六合、白虎、玄武、九地、九天；阴遁则依次逆排。另白虎与勾陈、玄武与朱雀有时通用。

第三章　如何用奇门遁甲预测彩票中奖号码

第一节　奇门遁甲的排盘方法

根据作者的观察和研究，奇门遁甲预测彩票中奖号码的排盘方法大致如下：

第一，把阳历的年月日时换算成干支历。即根据彩票摇奖时间立四柱。如双色球2010年8月12日，星期四，双色球第93期开奖日。根据双色球晚上21∶30分摇奖的时间立四柱：庚寅　甲申　甲午　乙亥

需要指出的是：不会排四柱的读者请阅读拙著、中国商业出版社出版的《五行预测彩票（修订实用版）》。

第二，根据二十四节气和日干支，确定彩票摇奖时间所应用局数。古人把一年二十四节气，每个节气上、中、下元所用局数，总结为两个歌诀，这就是“阳遁歌”和“阴遁歌”。

阳遁歌：冬至惊蛰一七四，小寒二八五同推；大寒春分三九六，芒种六三九是真；谷雨小满五二八，立春八五二相随；立夏清明四一七，九六三从雨水期。

阴遁歌：夏至白露九三六，小暑八二五重逢；秋分大暑七一四，立秋二五八流通；霜降小雪五八二，大雪四七一相同；处暑排来一四七，立冬寒露六九三。

首先要根据历书知道彩票摇奖时间处在哪一个节气；其次根据日干支，甲、己为符头，日支子午卯酉为上元，寅申巳亥为中元，辰戌丑未为下元的规律，确定该日为上、中、下某元，由此得知，该用阳遁几局或阴遁几局。一句话，由日干支的符头确认阳遁几局或阴遁几局。

第三，在纸上画一个井字形九宫格，将一至九宫分别按奇门遁甲格局即洛书九宫规律填在格内。

第四，在纸上一至九宫格内，按遁甲几局三奇六仪的排布规律，即戊、己、庚、辛、壬、癸、丁、丙、乙这个永远不变的顺序，将六仪三奇排布在一至九宫格内。

注意阳顺阴逆三奇六仪的排布规律。

第五，找出预测时辰的旬首，比如乙亥时，甲戌为旬首；辛亥时，甲辰为旬首；戊戌时，甲午为旬首；即预测时辰是六甲中哪一甲大将在地盘值班。同时根据该甲所隐的六仪，即知道地盘上该甲在几宫值班了。比如乙亥时，甲戌为旬首。甲戌已在地盘上该甲在几宫值班。

第六，根据地盘上六甲中值班一甲所在宫位，即可找出与它对应的天盘上值班的九星之一，这就是值符；人盘上值班的之一，这就是值使。这样把这个时辰内的值符和值使就找出来了，并写在纸上。在奇门九宫九星八门配应图寻找相对应的值符值使。

第七，根据“值符随时干”的规律，看预测时辰的天干在地盘几宫，就将值符直接写在这个宫内，同时将它原在地盘宫内的六仪三奇也随之写在它如今运转到的这个宫内。

第八，值符落宫确定了，将其余八星连同它们原来地盘内所携带的六仪三奇也一一写在运转到的宫内，这样彩票摇奖时辰天盘运行的格局就确定了。

第九，根据“值使随时宫”的规律，将值使的八门之一按时间和宫位运行的顺序，确定它所落宫位，然后把它写在该宫格内。同时，将其余七门按固定顺序，一一写在其他宫格之内。这样，八门运转到彩票摇奖时辰的格局也就一目了然了。

第十，根据阳遁顺时针运转，阴遁逆时针运转的规律和小值符永远追随大值符的规律，将神盘中的小值符首先写在大值符所落宫内，然后，将螣蛇、太阴、六合、白虎（勾陈）、玄武（朱雀）、九地、九天按顺序一一写在其他七个宫内。这样，八神盘在问事时辰运行的格局也就确定了。

至此，奇门遁甲起局或叫起卦的过程就全部完成了，每个宫内天、地、人、神及三奇六仪所形成的格局，就一目了然。

下面举几个例子，具体加以说明之。

【例一】2010 年 10 月 31 日，星期日，双色球第 127 期开奖日。根据双色球晚上 21∶30 分摇奖的时间排奇门遁甲盘。

第一，化公历为农历排四柱。该日农历九月二十四日。年干支

庚寅，月干支丙戌，日干支甲寅，时干支乙亥。四柱即：庚寅　丙戌　甲寅　乙亥

第二，先找出日干支甲寅的符头，甲寅为符头。该日处霜降之后，根据寅申巳亥为中元的规律。阴遁歌：霜降小雪五八二。该甲寅日处阴遁八局。

第三，在纸上画一个井字形九宫格，将一至九宫分别按奇门遁甲格局即洛书九宫规律填在格内，然后按阴遁八局六仪三奇排布的规律，将六仪三奇分别写在九宫格内的最底层，以表示为地盘上格局。

庚寅年丙戌月甲寅日乙亥时。甲戌旬。

阴遁八局，值符天柱落九宫，值使惊门落六宫。

第四，找出乙亥时的旬首，为甲戌。说明乙亥时，是六甲的甲戌己在地盘值班。甲戌己在兑七宫值班，与地盘兑七宫对应的天盘九星之一天柱星为值符，人盘八门之一惊门为值使。这样把值符、值使就找出来了，一一写在纸上。这个地盘是阴遁八局的地盘。在奇门九宫九星八门配应图寻找相对应的值符值使。

第五，根据“值符随时干”的原则，乙亥时时干乙在地盘离九宫，所以直接将值符天柱星写在离九宫格内，并将他所携带的六仪己（即甲戌己）也写在九宫内。然后按九星的固定顺序把其余九星和六仪三奇排于九宫内。

第六，根据“值使随时宫”的原则，阴遁逆行。地盘甲戌已在兑七宫值班，人盘八门之一惊门为值使。戌时惊门在七宫，亥时就到了六宫。然后逆排其余八门于人盘上。

第七，根据小值符永远追随大值符的规律，在纸上布八神。大值符在离九宫，八神之小值符也写在离九宫内。阴遁逆排其余八神

于盘内。

至此，在纸上所起甲寅日乙亥时阴遁八局的格局就算完成了。如下图：

时间：2010 年 10 月 31 日 21 时 30 分

农历：庚寅年九月廿四日亥时

干支：庚寅　丙戌　甲寅　乙亥

旬空：午未　午未　子丑　申酉

寒露：2010 年 10 月 08 日 18 时 05 分

霜降：2010 年 10 月 23 日 20 时 54 分

霜降：中元　乙亥时旬首为己

阴遁八局　值符天柱落九宫　值使惊门落六宫

螣蛇 辛　伤门　丁 禽　天芮　壬	值符 杜门　己 天柱　乙	九天 景门　庚 天心　丁
太阴 生门　乙 天英　癸	辛	九地 死门　丙 天蓬　己
六合 休门　壬 天辅　戊	白虎 开门　癸 天冲　丙	玄武 惊门　戊 天任　庚

【例二】2010年3月2日，星期二，双色球第23期开奖日。根据双色球晚上21:30分摇奖的时间排奇门遁甲盘。

第一，化公历为农历排四柱。该日农历正月十七日。年干支庚寅，月干支戊寅，日干支辛亥，时干支己亥。四柱即：庚寅　戊寅　辛亥　己亥。

第二，先找出日干支辛亥的符头，辛亥倒推庚戌己酉，己酉为符头。该日处雨水之后，根据子午卯酉为上元的规律。阳遁歌：九六三从雨水期。该辛亥日处阳遁九局。

第三，在纸上画一个井字形九宫格，将一至九宫分别按奇门遁甲格局即洛书九宫规律填在格内，然后按阳遁九局六仪三奇排布的规律，将六仪三奇分别写在九宫格内的最底层，以表示为地盘上格局。

庚寅年戊寅月辛亥日己亥时。甲午旬。

阳遁九局。值符天冲落一宫。值使伤门落八宫。

第四，找出己亥时的旬首，为甲午。说明己亥时，是六甲的甲午辛在地盘值班。甲午辛在震三宫值班，与地盘震三宫对应的天盘九星之一天冲星为值符，人盘八门之一伤门为值使。这样把值符、值使就找出来了，一一写在纸上。这个地盘是阳遁九局的地盘。在奇门九宫九星八门配应图寻找相对应的值符值使。

第五，根据“值符随时干”的原则，己亥时时干己在地盘坎一宫，所以直接将值符天冲星写在坎一宫格内，并将他所携带的六仪辛（即甲午辛）也写在九宫内。然后按九星的固定顺序把其余九星和六仪三奇排于九宫内。

第六，根据“值使随时宫”的原则，阳遁顺行。地盘甲午辛在震三宫值班，人盘八门之一伤门为值使。戌时伤门在三宫，亥时就到了八宫。然后顺排其余八门于人盘上。

第七，根据小值符永远追随大值符的规律，在纸上布八神。大值符在坎一宫，八神之小值符也写在坎一宫内。阳遁顺排其余八神于盘内。

至此，在纸上所起辛亥日己亥时阳遁九局的格局就算完成了。如下图：

时间：2010 年 03 月 02 日 21 时 30 分

农历：庚寅年正月十七日亥时

干支：庚寅　戊寅　辛亥　己亥

旬空：午未　申酉　寅卯　辰巳

立春：2010 年 02 月 04 日 06 时 42 分

雨水：2010 年 02 月 19 日 02 时 35 分

雨水：上元　己亥时旬首为辛

阳遁九局　值符天冲落一宫　值使伤门落八宫

六合 癸　景门　庚 禽　天芮　壬	白虎 死门　丙 天柱　戊	玄武 惊门　丁 天心　庚
太阴 杜门　戊 天英　辛	 癸	九地 开门　己 天蓬　丙
螣蛇 伤门　壬 天辅　乙	值符 生门　辛 天冲　己	九天 休门　乙 天任　丁

【例三】2010年08月14日，福利彩票3D开奖日。根据福利彩票3D晚上20:30分摇奖的时间，排奇门遁甲盘如下。

第一，化公历为农历排四柱。该日农历七月初五日。年干支庚寅，月干支甲申，日干支丙申，时干支戊戌。四柱即：庚寅　甲申　丙申　戊戌。

第二，先找出日干支丙申的符头，丙申倒推乙未甲午，甲午为符头。该日处立秋之后，根据子午卯酉为上元的规律。阴遁歌：立秋二五八流通。该丙申日处阴遁二局。

第三，在纸上画一个井字形九宫格，将一至九宫分别按奇门遁甲格局即洛书九宫规律填在格内，然后按阴遁二局六仪三奇排布的规律，将六仪三奇分别写在九宫格内的最底层，以表示为地盘上格局。

庚寅年甲申月丙申日戊戌时　甲午旬

阴遁二局　值符天任落二宫　值使生门落四宫

第四，找出戊戌时的旬首，为甲午。说明戊戌时，是六甲的甲午辛在地盘值班。甲午辛在艮八宫值班，与地盘艮八宫对应的天盘九星之一天任星为值符，人盘八门之一生门为值使。这样把值符、值使就找出来了，一一写在纸上。这个地盘是阴遁二局的地盘。在奇门九宫九星八门配应图寻找相对应的值符值使。

第五，根据“值符随时干”的原则，戊戌时时干戊在地盘坤二宫，所以直接将值符天任星写在坤二宫格内，并将他所携带的六仪辛（即甲午辛）也写在九宫内。然后按九星的固定顺序把其余九星和六仪三奇排于九宫内。

第六，根据“值使随时宫”的 原则，阴遁逆行。地盘甲午辛在艮八宫值班，人盘八门之一生门为值使。戌时生门在四宫。然后逆排其余八门于人盘上。

第七，根据小值符永远追随大值符的规律，在纸上布八神。大值符在坤二宫，八神之小值符也写在坤二宫内。阴遁逆排其余八神于盘内。

至此，在纸上所起丙申日戊戌时阴遁二局的格局就算完成了。如下图：

时间：2010 年 08 月 14 日 20 时 30 分

农历：庚寅年七月初五日戌时

干支：庚寅　甲申　丙申　戊戌

旬空：午未　午未　辰巳　辰巳

大暑：2010 年 07 月 23 日 07 时 28 分

立秋：2010 年 08 月 07 日 23 时 57 分

立秋：上元　戊戌时旬首为辛

阴遁二局　值符天任落二宫　值使生门落四宫

太阴 生门　癸 天心　丙	螣蛇 伤门　己 天蓬　庚	值符 杜门　辛 天任　戊
六合 休门　壬 天柱　乙	丁	九天 景门　乙 天冲　壬
白虎 丁　开门　戊 禽　天芮　辛	玄武 惊门　庚 天英　己	九地 死门　丙 天辅　癸

不想自已排盘的读者可以在百度搜索奇门遁甲在线排盘。

第二节　奇门遁甲吉凶格局的启示

奇门遁甲的十干克应，八门克应，吉凶格局的应用对预测彩票中奖号码有重要的参考价值。

一、十干克应

十干克应，就是十个天干在天盘和地盘相遇后的各种克应关系。奇门遁甲将甲隐遁起来，其余九干又分成三奇六仪，所以也就是奇仪之间的克应关系。即天盘的乙丙丁戊己庚辛壬癸和地盘的乙丙丁戊己庚辛壬癸相遇后的各种关系。那么，甲怎么用？甲常隐于六仪之下，也就是说，六甲以六仪为代表而看其克应关系。这种克应关系对彩票中奖号码的出现有影响。

第一，天盘甲子戊加临地盘三奇六仪的克应关系。

天盘的甲子戊加临地盘甲子戊，即戊加戊，甲甲比肩，名谓伏吟。遇此，凡事不利，道路闭塞，以守为好。

天盘甲子戊加地盘乙奇，即戊加乙，甲乙会合，因甲乙均位于东方青龙之位，所以叫青龙和会，门吉事也吉，门凶事也凶。

天盘甲子戊加地盘丙奇，即戊加丙，因青龙甲木生助丙火，故为青龙返首，为事所谋，大吉大利。若逢迫墓击刑，吉事成凶。

天盘甲子戊加地盘丁奇，即戊加丁，因甲木青龙生助丁火，故为青龙耀明，宜见上级领导、贵人、求功名，为事吉利。若值墓迫，招惹是非。

天盘甲子戊加地盘甲戌己，即戊加己，因为戌为戊土之墓，故为贵人入狱，公私皆不利。

天盘甲子戊加地盘甲申庚，即戊加庚，因值符甲最怕庚金克杀，故为值符飞宫，吉事不吉，凶事更凶，求财没利益，测病也主凶。同时，甲庚相冲，飞宫也主换地方。

天盘甲子戊加地盘甲午辛，即戊加辛，因辛金克甲木，子午相冲，故为青龙折足，吉门有生助，尚能谋事，若逢凶门，主招灾、失财或有足疾、折伤。

天盘甲子戊加地盘甲辰壬，即戊加壬，因壬为天牢，甲为青龙，故为青龙入天牢，凡阴阳事皆不吉利。

天盘甲子戊加地盘甲寅癸，即戊加癸，因甲为青龙，癸为天网，又为华盖，故为青龙华盖，又戊癸相合，故逢吉门为吉，可招福临门。逢凶门者事多不利，为凶。

第二，天盘乙奇加临地盘三奇六仪所形成的克应关系。

天盘乙奇加地盘甲子戊，即乙加戊，乙木克戊土，为阴害阳门（因戊为阳为天门），利于阴人、阴事，不利阳人、阳事，门吉尚可谋为，门凶、门迫则破财伤人。

天盘乙奇加地盘乙奇，即乙加乙，乙乙比肩，为日奇伏吟，不宜见上层领导、贵人，不宜求名求利，只宜安分守己为吉。

天盘乙加地盘丙，即乙加丙，乙木生丙火，为奇仪顺遂，吉星迁官晋职，凶星夫妻反目离别。

天盘乙加地盘丁，即乙加丁，为奇仪相佐，最利文书、考试，百事可为。

天盘乙加地盘甲戌己，即乙加己，因戌为乙木之墓，故为日奇入墓，被土暗昧，门凶事必凶，得生、开二吉门为地遁。

天盘乙加地盘甲申庚，即乙加庚，庚金克刑乙木，故为日奇被刑，为争讼财产，夫妻怀有私意。

天盘乙加地盘甲午辛，即乙加辛，乙为青龙，辛为白虎，乙木被辛金冲克而逃，故为青龙逃走，人亡财破，奴仆拐带，六畜皆伤。测婚为女逃男。

天盘乙加地盘甲辰壬，即乙加壬，为日奇入地，尊卑悖乱，官讼是非，有人谋害之事。

天盘乙加地盘甲寅癸，即乙加癸，为华盖逢星，遁迹修道，隐匿藏形，躲灾避难为吉。

第三，天盘丙奇加临地盘三奇六仪所形成的克应关系。

天盘丙加地盘甲子戊，即丙加戊，甲为丙火之母，丙火回到母亲身边，好似飞鸟归巢，故名鸟跌穴，百事吉，事业可为，可谋大事。天盘丙加地盘乙，即丙加乙，为日月并行，公谋私为皆为吉。

天盘丙加地盘丙，即丙加丙，为月奇悖师，文书逼迫，破耗遗失。主单据票证不明遗失。

天盘丙加地盘丁，即丙加丁，为星奇朱雀，贵人文书吉利，常人平静安乐，得三吉门为天遁。

天盘丙加地盘甲戌己，即丙加己，因丙火入戌墓，故为火悖入刑，囚人刑杖，文书不行，吉门得吉，凶门转凶。

天盘丙加地盘甲申庚，即丙加庚，为荧入太白，门户破败，盗贼耗失，事业亦凶。

天盘丙加地盘甲午辛，即丙加辛，因丙辛相合，故为谋事能成，为疾病人不凶。

天盘丙加地盘甲辰壬，即丙加壬，为火入天罗，壬水冲克丙火，故为客不利，是非颇多。

天盘丙加地盘甲寅癸，即丙加癸，为华盖悖师，阴人害事，灾祸频生。

第四，天盘丁奇加临地盘三奇六仪所形成的克应关系。

天盘丁奇加地盘甲子戊，即丁加戊，为青龙转光，官人升迁，常人威昌。

天盘丁加地盘三奇乙，即丁加乙，为人遁吉格，贵人加官晋爵，常人婚姻财帛有喜。

天盘丁加地盘三奇丙，即丁加丙，为星随月转，贵人越级高升，常人乐里生悲，要忍，不然因小的不忍而引起大的不幸。

天盘丁加地盘三奇丁，即丁加丁，为星奇入太阴，文书证件即至，喜事从心，万事如意。

天盘丁加地盘甲戌己，即丁加己，因戌为火库，己为勾陈，故为火入勾陈，奸私仇冤，事因女人。

天盘丁加地盘甲申庚，即丁加庚，丁为文书，庚为阻隔之神，故为文书阻隔，行人必归。

天盘丁加地盘甲午辛，且为朱雀入狱，罪人释囚，官人失位。

天盘丁加地盘甲辰壬，即丁加壬，因丁壬相合，故主贵人恩诏，讼狱公平。测婚多为苟合。

天盘丁加地盘甲寅癸，即丁加癸，癸水冲克丁火，为朱雀投江，文书口舌是非，经官动府，词讼不利，音信沉溺不到。

第五，天盘甲戌己，即六己加临地盘三奇六仪所形成的克应关系。

天盘甲戌己加地盘甲子戊，即己加戊，因戌为犬，甲为龙，故为犬遇青龙，门吉为谋望遂意，上人见喜；若门凶，枉费心机。

天盘甲戌己加地盘乙奇，即己加乙，因戌为乙木之墓，己又为地户，故名墓神不明，地户逢星，宜遁迹隐形为利。

天盘甲戌己加地盘丙奇，即己加丙，为火悖地户，男人冤冤相害，女人必致淫污。

天盘甲戌己加地盘丁奇，即己加丁，因戌为火墓，故名为朱雀入墓，文书词讼，先曲后直。

天盘甲戌己加地盘甲戌己，即己加己，名为地户逢鬼，病者发凶或必死，百事不遂，暂不谋为，谋为则凶。

天盘甲戌己加地盘甲申庚，即己加庚，名为刑格返名，词讼先动者不利，如临阴星则有谋害之情。

天盘甲戌己加地盘甲午辛，即己加辛，名为游魂入墓，易遭阴邪鬼魅作祟。

天盘甲戌己加地盘甲辰壬，即己加壬，名为地网高张，狡童佚女，奸情伤杀，凶。

天盘甲戌己加地盘甲寅癸，即己加癸，名为地刑玄武，男女疾病垂危，有囚狱词讼之灾。

第六，天盘甲申庚，即六庚加临地盘三奇六仪所形成的克应关系。

天盘甲申庚加地盘甲子戊，即庚加戊，庚金克甲木，谓天乙伏宫，百事不可谋，大凶。

天盘甲申庚加地盘三奇乙，即庚加乙，为太白逢星，退吉进凶，谋为不利。

天盘甲申庚加地盘三奇丙，即庚加丙，为太白入荧，测贼盗时，看贼人来不来，太白入荧，贼定要来，为客进利，为主破财。

天盘甲申庚加地盘三奇丁，即庚加丁，名为亭亭之格，因私匿或男女关系起官司是非，门吉有救，门凶事必凶。

天盘甲申庚加地盘甲戌己，即庚加己，名为官符刑格，主有官司口舌，因官讼被判刑，住牢狱更凶。

天盘甲申庚加地盘甲申庚，即庚加庚，名为太白同宫，又名战格，官灾横祸，兄弟或同辈朋友相冲撞，不利为事。

天盘甲申庚加地盘甲午辛，即庚加辛，名为白虎干格，不宜远行，远行车折马伤，求财更为大凶。

天盘甲申庚加地盘甲辰壬，即庚加壬，为上格，壬水主流动，庚为阻隔之神，故远行道路迷失，男女音信难通。

天盘甲申庚加地盘甲寅癸，即庚加癸，名为大格，因寅申相冲克，庚为道路，故多主车祸，行人不至，官事不止，生育母子俱伤，大凶。

第七，天盘甲午辛，即六辛加临地盘三奇六仪所形成的克应关系。

天盘甲午辛加地盘甲子戊，即辛加戊，辛金克甲木，子午又相冲，故为困龙被伤，主官司破财，屈抑守分尚可，妄动则带来祸殃。天盘甲午辛加地盘三奇乙，即辛加乙，辛金冲克乙木，故名为白虎猖狂，家败人亡，远行多灾殃；测婚离散，主因男人。

天盘甲午辛加地盘三奇丙，即辛加丙，名干合悖师，门吉则事吉，门凶则事凶，测事易因财物致讼。

天盘甲午辛加地盘三奇丁，即辛加丁，辛为狱神，丁为星奇，故名为狱神得奇，经商求财获利倍增，囚人逢天赦释免。

天盘甲午辛加地盘甲戌己，即辛加己，辛为罪人，戌为午火之库，故名为入狱自刑，奴仆背主，有苦诉讼难伸。

天盘甲午辛加地盘甲申庚，即辛加庚，名为白虎出力，刀刃相交，主客相残，逊让退步稍可，强进血溅衣衫。

天盘甲午辛加地盘甲午辛，即辛加辛，因午午为自刑，故名为伏吟天庭，公废私就，讼狱自罹罪名。

天盘甲午辛加地盘甲辰壬，即辛加壬，因壬为凶蛇，辛为牢狱，故名为凶蛇入狱，两男争女，讼狱不息，先动失理。

天盘甲午辛加地盘甲寅癸，即辛加癸，因辛为天牢，癸为华盖，故名为天牢华盖，日月失明，误入天网，动止乖张。

第八，天盘甲辰壬，即六壬加临地盘三奇六仪所形成的克应关系。

天盘甲辰壬加地盘甲子戊，即壬加戊，因壬为小蛇，甲为青龙，故为小蛇化龙，男人发达，女人产婴童。

天盘甲辰壬加地盘日奇乙，即壬加乙，名为小蛇得势，女人柔顺，男人通达，测孕育生子，禄马光华。

天盘甲辰壬加地盘月奇丙，即壬加丙，名为水蛇入火，因壬丙相冲克，故主官灾刑禁，络绎不绝。

天盘甲辰壬加地盘星奇丁，即壬加丁，因丁壬相合，故名干合蛇刑，文书牵连，贵人匆匆，男吉女凶。

天盘甲辰壬加地盘甲戌己，即壬加己，因辰戌相冲，故名为反吟蛇刑，主官讼败诉，大祸将至，顺守可吉，妄动必凶。

天盘甲辰壬加地盘甲申庚，即壬加庚，因庚为太白，壬为蛇，故名为太白擒蛇，刑狱公平，立剖邪正。

天盘甲辰壬加地盘甲午辛，即壬加辛，因辛金入辰水之墓，故名为朣蛇相缠，纵得吉门，亦不能安宁，若有谋望，被人欺瞒。

天盘甲辰壬加地盘甲辰壬，即壬加壬，名为蛇入地罗，外人缠绕，内事索索，吉门吉星，庶免蹉跎。

天盘甲辰壬加地盘甲寅癸，即壬加癸，名为幼女奸淫，主有家丑外扬之事发生，门吉星凶，易反福为祸。

第九，天盘甲寅癸，即六癸加临地盘三奇六仪所形成的克应关系。

天盘甲寅癸加地盘甲子戊，即癸加戊，戊癸相合，名为天乙会合，吉门宜求财，婚姻喜美，吉人赞助成合。若门凶迫制，反祸官非。天盘甲寅癸加地盘乙奇，即癸加乙，名为华盖逢星，贵人禄位，常人平安。门吉则吉，门凶则凶。

天盘甲寅癸加地盘月奇丙，即癸加丙，名为华盖悖师，贵贱逢之皆不利，惟上人见喜。

天盘甲寅癸加地盘星奇丁，即癸加丁，因癸水冲克丁火，丁火烧灼癸水，故名为螣蛇天娇，文书官司，火焚也逃不掉。

天盘甲寅癸加地盘甲戌己，即癸加己，名为华盖地户，男女测之，音信皆阻，此格躲灾避难方为吉。

天盘甲寅癸加地盘甲申庚，即癸加庚，名为太白入网，主以暴力争讼，自罹罪责。

天盘甲寅癸加地盘甲午辛，即癸加辛，名为网盖天牢，主官司败诉，死罪难逃；测病亦大凶。

天盘甲寅癸加地盘甲辰壬，即癸加壬，因癸、壬均为水蛇，故名为复见螣蛇，主嫁娶重婚，后嫁无子，不保年华。

天盘甲寅癸加地盘甲寅癸，即癸加癸，名为天网四张，主行人失伴，病讼皆伤。

二、八门克应

八门克应，即门加门、门加三奇六仪和门加宫所形成的格局及其吉凶。

开门：

开加开：主贵人宝物财喜。

开加休：主见贵人财喜及开张铺店，贸易大利。

开加生：主见贵人，谋望所求遂意。

开加伤：主变动、更改、移徙，事皆不吉。

开加杜：主失脱，印书契小凶。

开加景：主见贵人，因文书不利。

开加死：主官司惊忧，先忧后喜。

开加惊：主百事不利。

开加戊：财名俱得。

开加乙：小财可求。

开加丙：贵人印绶。

开加丁：远信必至。

开加己：事绪不定。

开加庚：道路词讼，谋为两歧。

开加辛：阴人道路。

开加壬：远行有失，注意破财。

开加癸：阴人失财小凶。

休门：

休加休：求财、进人口、谒贵吉，上任、修造亦大利。

休加生：主得阴人财物，谒贵谋望，虽迟也吉。

休加伤：上官喜庆，求财不得，有亲戚分产。变动事不吉。

休加杜：主破财，失物难寻。

休加景：主求文书印信事不至，反招舌小凶。

休加死：主文印官司事不吉，远行，僧道事不吉，占病凶。

休加惊：主损财、招非并疾病、惊恐事。

休加开：主开张店铺及见贵、求财等喜事，大吉。

休加戊：财物和合。

休加乙：求谋重，不得；求轻，可得。

休加丙：文书和合喜庆。

休加丁：百讼休歇。

休加己：暗昧不宁，后吉。

休加庚：文书词讼先结后解。

休加辛：疾病迟愈，失物不得。

休加壬、癸：阴人词讼牵连。

生门：

生加生：主远行、求财吉。

生加伤：主亲友变动，道路不吉。

生加杜：主阴谋，阴人破财，不利。

生加景：主阴人、小口不宁及文书事，后吉。

生加死：主田宅官司，病主难救。

生加惊：主尊长财产、词讼，病迟愈，吉。

生加开：主见贵人，求财大发。

生加休：主阴人处求谋财利，吉。

生加戊：嫁娶、求财、谒贵皆吉。

生加乙：主阴人生产，迟吉。

生加丙：主贵人印绶、婚姻、书信喜事。

生加丁：主词讼、婚姻、财利大吉。

生加己：主得贵人维持，吉。

生加庚：主财产争讼破产，不利。
生加辛：主产妇疾病，后吉。
生加壬：主遗失财后得，贼盗易获。
生加癸：主婚姻不成，余事皆吉。

伤门：

伤加伤：主变动，远行折伤，凶。
伤加杜：主变动，失脱，官司，桎梏，百事凶。
伤加景：主文书印信，口舌，惹是生非。
伤加死：主官司印信凶，出行大忌，占病凶。
伤加惊：主亲人疾病忧惊，媒伐不利，凶。
伤加开：主见贵人、开张、走失、变动之事，不利。
伤加休：主男人变动或托人办事，财名不利。
伤加生：主房产、种植事业，凶。
伤加戊：主失脱难获。
伤加乙：主求谋不得，反防盗失财。
伤加丙：主道路损失。
伤加丁：主音信不至。
伤加己：主财散人病。
伤加庚：主讼狱被刑杖，凶。
伤加辛：主夫妻怀私恣怨。
伤加壬：主因盗牵连。
伤加癸：主讼狱被冤，有理难伸。

杜门：

杜加杜：主因父母疾病、田宅出脱事，凶。

杜加景：主文书印信阻隔，男人小口疾病，迟疑不利。

杜加死：主田宅文书失落，官司破财，小凶。

杜加惊：主门户内忧疑惊恐，并有词讼事。

杜加开：主见贵人官长，谋事主先破已财，后吉。

杜加休：主求财有益。

杜加生：主男人小口破财，田宅求财不利。

杜加伤：主兄弟相争，破财不利。

杜加戊：主谋事不成，秘处求财得。

杜加乙：宜暗求男人财物，后主不明致讼。

杜加丙：主文契遗失。

杜加丁：主男人讼狱。

杜加己：主私谋害人招非。

杜加庚：主因女人讼狱被刑。

杜加辛：主打伤人，词讼，男人小口凶。

杜加壬：主奸盗事，凶。

杜加癸：主百事皆阻，病者不食。

景门：

景加景：主文状未动有预先见之意，内有男人小口忧患。

景加死：主官讼，因田宅事相争，惹麻烦。

景加惊：主官讼，女人小口疾病，凶。

景加开：主官人升迁，吉；求文印更吉。

景加休：主文书遗失，争讼不休。

景加生：主阴人生产大喜，更主求财旺利，行人皆吉。

景加伤：主姻亲小口口舌。

景加杜：主失脱文书，败财后平。

景加戊：因财产词讼，远行吉。

景加乙：主讼事不成。

景加丙：主文书急迫，火速不利。

景加丁：主因文书印状招非。

景加己：主官司牵连。

景加庚：主讼人自讼。

景加辛：主阴人词讼。

景加壬：主因贼牵连。

景加癸：主因奴婢受刑。

死门：

死加死：主官事稽留，印信无气，凶。

死加惊：主因官司不结，忧疑患病，凶。

死加开：主见贵人，求印信文书事大利。

死加休：主求财物事不吉，若问僧道求方吉。

死加生：主丧事，求财得，占病死而复生。

死加伤：主官司动而被刑杖，凶。

死加杜：主破财，妇人风疾，腹肿。

死加景：主因文契印信财产事见官，先怒后喜，不凶。

死加戊：主作伪财。

死加乙：主求事不成。

死加丙：主信息忧疑。

死加丁：主老阳人疾病。

死加己：主病讼牵连不已，凶。

死加庚：主女人生产，母子俱凶。

死加辛：主盗贼失脱难获。

死加壬：主讼人自讼自招。

死加癸：主妇女嫁娶事凶。

惊门：

惊加惊：主疾病，忧虑，惊恐。

惊加开：主官司忧疑，能见贵人不凶。

惊加休：主求财事或口舌事，迟吉。

惊加生：主因妇人生产或求财事惊忧，皆吉。

惊加伤：主因商议同谋害人，事泄惹讼，凶。

惊加杜：主因失脱破财惊恐，不凶。

惊加景：主词讼不息，小口疾病，凶。

惊加死：主因宅中怪异而生是非，凶。

惊加戊：主损财，信阻。

惊加乙：主谋财不得。

惊加丙：主文书印信惊恐。

惊加丁：主词讼牵连。

惊加己：主恶犬伤人成讼。

惊加庚：主道路损折，遇贼盗，凶。

惊加辛：主女人成讼，凶。

惊加壬：主官司囚禁，病者大凶。

惊加癸：主被盗，失物难获。

三、奇门常用吉格

时家奇门在实际应用中，因为有九宫，阴遁、阳遁十八局，六十个时辰演一局，一共会有 $9 \times 18 \times 60 = 9720$ 种格局，排宫法将五宫寄坤二宫，等于只有八宫（配八门、九星、八神、三奇六仪、八卦），故也有 $8 \times 18 \times 60 = 8640$ 种格局。古人经过实践，根据阴阳五行生克制化的原理和积累起来的大量吉凶应验的经验，将上述近万种格局进行分类归纳筛选，总结出一些吉格、凶格，供后人在预测应用中参考。

一般来说，吉门、吉星、吉神配三奇为吉格，凶星、凶神相遇为凶格；星、门、宫、三奇、六仪之间，五行属性相生或比和为吉；五行相刑、相冲、相克、相害和入 墓为凶；甲、乙、丙、丁、戊五阳干组合多为吉；己、庚、辛、壬、癸五阴干组合多为凶，特别是遁甲中甲为主帅，最怕庚金克杀，所以遇庚多为凶格。

奇门预测中常用的吉格：

1. 青龙返首（又名龙回首）。天盘甲子戊加地盘丙奇，即戊加丙，因甲木为青龙，木生火，丙火为甲木之子，母子相顾，母亲回过头来看儿子，所以起名“龙回首”。因为丙火能克庚金，救护元帅甲木，所以为吉。宜就职、诉讼、迁移、求财、建造等，百事皆吉。但是，如果遇到门克宫，或地盘为震三宫（子卯相刑），则吉事变凶。

2. 飞鸟跌穴（又名鸟跌穴）。天盘丙奇加地盘甲子戊，即丙加戊（与“龙回首”正好相反），因丙火为南方朱雀，回到母亲甲木身边，好像鸟儿归巢一般，故起名“鸟跌穴”。因木火相生，故为吉格。宜就职、求财、诉讼、建造、婚姻等，百事吉。

九遁

天遁：天盘丙奇（月奇），门盘生门，地盘丁奇（星奇）。二奇并生门，二火生艮土（生门属土，位于艮宫），故为吉格。百事生旺，利行军、打仗、上书、求官、经商、婚姻等。

地遁：天盘乙奇（日奇），门盘开门，地盘六己。己为地户，开门又得日精之蔽，故百事皆吉。宜安营扎寨、埋伏截击、建筑修造等。

人遁：天盘丁奇（星奇），门盘休门，神盘太阴。此遁得星精之蔽，其方可以探密、伏藏、和谈、求贤、结婚、交易等，均为吉。

风遁：天盘乙奇（日奇），门盘中开、休、生之一，地盘为巽四宫。巽木主风，又得乙奇和吉门，故为风遁。如风从西北方来，宜顺风击敌；如风从东南方来，敌在东南方，不可交战。

云遁：天盘乙奇（日奇），门盘中开、休、生之一，地盘六辛。此遁得云精之蔽，宜求雨、立营寨、造军械。

龙遁：天盘乙奇（日奇），门盘开、休、生之一，地盘坎（水中有龙）一宫或六癸。宜掩捕敌人、水战、修桥、穿井等。

虎遁：天盘乙奇（日奇），合休门或生门，临地盘六辛于艮

（寅虎）八宫，或天盘甲申庚合开门下临地盘兑宫（庚辛金，均为白虎）都称为虎遁。宜安营扎寨、设隐埋伏、修筑建造等。

神遁：天盘丙奇（月奇）、门盘生门、神盘九天（九天之神）。宜攻虚、开路、塞河、造像、教化兵卒等。

鬼遁：天盘丁奇（星奇），门盘杜门（人间门被堵住），神盘九地（地狱有鬼），或丁奇、开门合九地。宜偷营劫寨，设伪伏虚。

三奇得使。三奇得使就是天盘乙、丙、丁加临地盘值使门，具体而言，就是天盘乙奇加临地盘甲戌己或甲午辛，天盘丙奇加临地盘甲子戊或甲申庚，天盘丁奇加临地盘甲辰壬或甲寅癸。也就是说，地盘在甲戌旬或甲午旬，天盘乙奇得使；地盘在甲子旬或甲申旬，丙奇得使；地盘在甲辰旬或甲寅旬，丁奇得使。得使可以用事，若无吉门亦有小助。关于三奇得使，《烟波钓叟赋》是这样说的："三奇得使诚堪使，六甲遇之非小补，乙逢犬马丙鼠猴，六丁玉女骑龙虎。"

玉女守门。丁奇又名玉女。玉女守门，就是门盘值使门所落之宫正遇地盘丁奇。具体时间是甲子旬的庚午时，甲戌旬的己卯时，甲申旬的戊子时，甲午旬的丁酉时，甲辰旬的丙午时，甲寅旬的乙卯时。玉女守门，其方利宴会喜乐之事、婚姻之事。

三奇贵人升殿。乙奇临震宫，为日出扶桑，有禄之乡，是贵人升于乙卯正殿。丙奇到离宫，为月照端门，火旺之地，是贵人升于丙午正殿。丁奇到兑宫，为星见西方，（酉为丁火长生之地）天之神位，是贵人升于丁酉正殿。三奇贵人升殿之时，百事可为。天显时格（又名天辅大吉时）甲、己日的甲子时、甲戌时，乙、庚日的甲申时，丙、辛日的甲午时，丁、壬日的甲辰时，戊、癸日的甲寅时，一句话，值班的六甲透出之时，或与日干相合之时，虽然此时奇门格局也是伏吟，但不为凶，反而为吉。这些时辰宜行兵、战斗、上官、参谒、求财、远行皆吉。有罪者也能逢赦免。

三诈五假。凡做事出行宜用开、休、生三吉门所落之方位，若得乙、丙、丁三奇更好；若不得三奇，也可使用。如果开、休、生三吉门合乙、丙、丁三奇又上乘太阴、六合、九地三阴神相助者，则为三诈，经商、远行、婚娶，百事皆吉。古代兵书日“兵不厌诈”，诈也有运筹机谋，选择时空的问题。具体而言，三吉门合三奇上乘太阴者，叫真诈。三吉门合三奇上乘六合者，叫休诈。三吉门合三奇上乘九地者，叫重诈。吉门为上，奇在其次，诈再次，奇门皆合者为上吉。五假，是天假、地假、人假、神假、鬼假。所谓假，是指借锐气来用事，事情符合其气则有利，否则不利。五假忌迫墓。景门合乙、丙、丁三奇，上乘九天，叫天假。宜争战诉讼、见贵求官，上书献策，扬兵颁号，申明盟约。杜门合丁、己、癸，上乘九地或太阴或六合，均叫地假。宜潜藏埋伏、逃亡躲灾、谋探私事。惊门合六壬上乘九天，叫人假。宜捕捉逃亡，如果再遇上“太白入荧”的格局，一定能抓获逃亡者。伤门合丁、己、癸，上乘九地，叫神假（又叫物假），宜埋藏伏藏，使人难知。又一说伤门合丁、己、癸，上乘六合为物假（又叫神假），宜于埋藏，祈祷、索债、捕捉、交易、伏藏。死门合丁、己、癸，上乘九地，叫鬼假（又叫神假），宜超度亡灵，抚重安民，破土修茔、伐邪、狩猎。

三奇之灵：三奇乙、丙、丁，四吉神太阴、六合、九地、九天，三吉门开、休、生，各有其一，共临其方位，为吉道清灵，用事俱吉。奇游禄位：乙奇到震（卯为乙 木临官禄地）、丙奇到巽

（巳为丙火临官禄地），丁奇到离（午为丁火临官禄地），为本禄之位，合三吉门，宜上官赴任，求财祈福等各种谋为都吉利。

欢怡：三奇临六甲值符之宫为欢怡。凡事谋为皆有利，抚恤将士，众情悦服。

奇仪相合：乙庚、丙辛、丁壬为奇合，戊癸、甲己为仪合，得吉门，凡事有和之象，主和解、了结、平局、平分。

门宫和义：凡宫生门为“和”，遇吉门凡事都吉；门生宫为“义”，遇吉门凡事皆吉。

四、奇门常用凶格

奇门凶格多与庚、辛、壬、癸有关，或五行之间刑冲克害入墓。主要凶格有：

1. 青龙逃走（又称“龙逃走”）。天盘乙奇，加地盘六辛，即乙加辛。乙木为青龙，辛金为白虎，辛金克杀乙木，虎强龙弱，故龙也要逃走而去，故名龙逃走。阴克阴，主凶。此时举兵主客皆伤，经商破财，百事为凶。

2. 白虎猖狂（又叫“虎猖狂”）。天盘六辛，加地盘乙奇，即辛加乙。与“龙逃走”正相反。白虎在天上横行，青龙反而潜伏地下，故名虎猖狂。阴克阴，主凶。此时举事主客两伤，出入有惊恐，远行多灾祸，婚姻修造大凶。

3. 朱雀投江（又叫“雀投江”）。天盘丁奇，加地盘六癸。即丁加癸。丁属阴火，为南方朱雀，癸为阴水，似江河，天上朱雀落入地下江河之中，所以叫“雀投江”。阴水克阴火，主凶。故此时举事，主文书牵连、音信沉溺、官司口舌，或惊恐怪异，奸谋诡诈，百事凶。

4. 螣蛇天矫（又叫“蛇天矫”）。天盘六癸，加地盘丁奇。即癸加丁。与“雀投江”正好相反。癸属阴水，为北方玄武龟蛇，丁属阴火。天上癸犹如螣蛇掉进地上火中，被烧克而屈伸，故叫“蛇天矫”。阴水克阴火，主凶。故百事不利，虚惊不宁，文书官司。

5. 荧入太白（又叫“荧入白”或“火入金乡”）。天盘丙奇，加地盘六庚。即丙加庚。丙火为荧惑火星，庚金为太白金星，丙火加到庚金之上，故名“荧入太白”。阳火克阳金，庚为贼人，故曰：“火入金乡贼即去。”

6. 太白入荧（又叫“白入荧”）。天盘六庚，加地盘丙奇。即庚加丙。与“荧入白”正好相反。比“荧入白”更凶。此格占贼贼必来，须防贼来偷营。以固守为吉。大格天盘六庚，加地盘六癸，即庚加癸，叫大格。百事凶，求人不在，经商破财，出行车破马死。只宜捕捉罪犯。

7. 上格（又叫“小格”）。天盘六庚，加地盘六壬。即庚加壬。远行失迷道路，求谋破财得病。庚加壬又名移荡格，测工作，多有变动。

8. 刑格。天盘六庚，加地盘六己。即庚加己。因甲申庚位有未，甲戌己位有戌，未刑戌，故名刑格。主官司受刑，经商破财，出行患病。

9. 奇格。天盘六庚，加地盘乙、丙、丁三奇。庚加乙，乙与庚合，又称合格。庚加丙，为白入荧，主贼来，所以又叫贼格。庚加丁，丁火克庚金，又叫破格。三奇格出行用兵均大凶。

10. 伏宫格。天盘六庚，加地盘六甲值符宫。即庚加戊。比如阳遁一局，甲子旬，甲子戊为旬头，在地盘一宫，到丁卯时，天盘上甲申庚转到一宫，即庚加到地盘上值符甲子戊所在一宫，形成天盘上贼星庚金克杀地盘上潜伏在本宫的值符的局面，即形成庚克甲的格局，所以叫伏宫格。此格大凶，主客皆不利。求人不在，等人不来。出行在路 上宜遇盗贼，或车折马死，百事不顺。

11. 飞宫格。天盘六甲值符，加地盘六庚。即戊加庚。也就是形成甲加庚的格局，与伏宫格正好相反。由于值符在天盘上飞动而遇到地盘上庚金，所以叫飞宫格。同样大凶，尤不利客。因为一般以天盘为客，地盘为主，天盘值符六甲，遭到地盘庚金克杀，自然更加不利。作战主败亡，大将遭擒；作生意破财，必须换地方。

12. 岁格。天盘六庚，加地盘年干（即地盘上三奇六仪十天于中，与当年年天干相同者）。用事大凶。

13. 月格。天盘六庚，加地盘月干。用事大凶。

14. 日格（又叫“伏干格”）。天盘六庚，加地盘天干。因日的天干伏在庚金之下，所以又叫“伏干格”。主客皆伤，尤不利主。奇门预测，多以日干为求测者本人，犹如“四柱预测学”中以日柱天干为命造本人一样，今遇凶星庚金，自然大凶不利。

15. 飞干格。天盘日干，加地盘六庚。与“伏干格”正好相反，因为日柱天干，在天盘转动，遇上地盘凶星庚金，故叫飞干格。也为大凶，主客两伤，皆不利。

16. 时格。天盘六庚，加地盘时干（即地盘三奇六仪中，与用事时辰的天干相同者），也主凶。总之，年、月、日、时的天干，与庚金相遇，均为凶格。这时行兵、远行、谋事皆不利，只宜捕捉盗贼或寻找走失之人。

17. 六仪击刑。天盘值符，加地盘与值符相刑的宫。具体而言，即：天盘甲子戊，加地盘震三宫（子刑卯）；天盘甲戌己，加地盘坤二宫（戌刑未）；天盘甲申庚，加地盘艮八宫（申刑寅）；天盘甲午辛，加地盘离九宫（午自刑）；天盘甲辰壬，加地盘巽四宫（辰自刑）；天盘甲寅癸，加地盘巽四宫（寅刑巳）。六仪击刑极凶，即使六仪为值符，也不可用。一动必有灾伤，若遇天网四张格，必被捕捉，有牢狱之灾。三奇入墓天盘乙奇，加地盘乾六宫（乙木为阴木，长生于午，帝旺在寅，墓在戌）；或坤二宫（乙属木，按木笼统讲，墓在未）；天盘丙奇，加地盘乾六宫（戌为丙火之墓）；天盘丁奇，加地盘艮八宫（丁为阴火，长生在酉，帝旺在巳，墓在丑）。三奇入墓，百事不宜，谋事尽休。凡事吉的不吉，凶的不凶，无力之象。

18. 三奇受刑，又叫“三奇受制”。丙奇、丁奇加临地盘坎一宫，或遇地盘六仪壬、癸水，为火入水乡；乙奇加临地盘乾六宫、兑七宫，或遇地盘六仪庚、辛金，为木入金乡，均受克制，故又叫三奇受刑或三奇受制，这时不可行动。时干入墓即用事时时辰天干在天盘，加临地盘所在之宫正是它的墓地，比如：丙戌时，丙属阳火，火墓在戌，因而天盘丙加地盘乾六宫，即为时干丙入墓；壬辰时，壬属阳水，水墓在辰，天盘壬加地盘巽四宫，即为时干壬入墓；癸未时，癸属阴水，墓在未，因而天盘癸加地盘坤二宫，即为时干癸入墓；戊戌时，戊为阳土，墓在戌，天盘戊加地盘乾六宫，即为时干戊入墓；己丑时，己属阴土，墓在丑，因而天盘己加地盘艮八宫时，即为时干己入墓；丁丑时，丁属阴火，墓在丑，因而天盘丁加地盘艮八宫时，即为时干入墓。门迫门迫是讲人盘八门与地盘九宫之间的关系。其中门克宫为迫，宫克门为制，门生宫为和，宫生门为义。古人有歌曰：惊开三四休临九，伤杜还归二八宫，生死排来居第一，景门六七总相同。吉门被迫吉不就，凶门被迫祸重重。这就是说，惊门、开门属金，临震三宫、巽四宫，为金克木；休门属 水，临离九宫，为水克火；伤门、杜门属木，临坤二宫、艮八宫，为木克土；生门、死门属土，临坎一宫，为土克水；景门属火，临乾六宫、兑七宫，为火克金。以 上均为门克宫，古人叫门迫或门被迫。“吉门被迫吉不就，凶门被迫祸重重”，吉门被迫（吉门克宫），吉事不吉，做不成，但还不会有反面结果；如果凶门被迫（凶门克宫），事更凶，事情办不成，强办还会带来灾祸（歌谣最后二句可改为“吉门克宫吉不就，凶门克宫事更凶”）。

19. 伏吟。伏吟有星伏吟、门伏吟、值符伏吟。凡九星在本宫不动，叫星伏吟；在本宫不动，叫门伏吟；六甲值符在本宫不动，比如甲子戊加甲子戊，甲午辛加甲午辛，叫值符伏吟。凡六甲之时，门、星、符皆为伏吟。伏吟利主不利客，伏吟时一般不宜采取主动。伏吟主迟，主慢。伏吟之时，不宜用兵，惟宜收敛财货，比如某单位和个人欠自己的款，宜去讨债催款。其中天蓬星加天蓬星、死死门、甲午辛加甲午辛时最凶，一般多遭遗失破财或死伤人日。凶灾日至，若不遇吉门吉格更凶，如遇吉门吉格为有救。天显时，伏吟一般不凶，反而为吉。

20. 反吟。反吟是指九星、八门、值符落到与它相对冲的地盘宫内，故有星反吟、门反吟、值符反吟。如天蓬星在坎一宫，落到离九宫，则为星反吟；休门本在坎一宫，落到离九宫，则为门反吟；天盘甲子戊加临地盘甲午辛，因子午相冲，故叫值符反吟。反吟不吉，特别是门反吟更为不利，如遇三奇或吉门还问题不大，为有救，如果不遇，则凶灾将至。反吟利客不利主。反吟主快。主事有反复。反吟主做事速度快，成败易分。如果出行，可能半途而回。如果做长久大事，可能有始无终。正如六爻预测中“新病逢冲则愈，久病逢冲则死”一样，近病反吟易愈，久病反吟难痊。测求财遇反吟往往空跑一趟，无利反亏本。

21. 悖格。天盘丙奇加地盘值符，或天盘值符加地盘丙奇，或丙加年、月、日、时干之上，均称为悖格。因为丙为天威，性格威猛，过于暴躁，容易出乱子，把事情搞乱。悖格之时举事，多倒行逆施，纲纪紊乱，难达理想，易出乱臣贼子和叛逆之人。但丙又为三奇之一，如得三吉门相会，则可用，不能一律按凶断。

22. 天网四张。癸加癸叫“天网四张”。只有天盘是癸，地盘也是癸，才能叫“天网四张”。这样一来，只有甲寅旬中癸亥时，才会出现“天网四张”即“癸加癸”的格局。古人有歌说：“天网四张不可当，此时用事有灾殃。若是有人强出者，立便身躯见血光。虫禽尚自避于网，事忙匍匐出门墙。”这意思是说，遇“天网四张”格局，不可举事，举事不成，反有灾祸。

23. 五不遇时。所谓五不遇时，是指用事时的时辰天干克当日的日干，而且必须是阳克阳、阴克阴。从日干数至被克的时干，正好是第七位，故四柱预测学上叫“七煞”，二干之间相隔五位，所以奇门遁甲中叫做“五不遇时”。具体而言，是指甲日庚午时（庚金克甲木），乙日辛巳时（辛金克乙木），丙日壬辰时（壬水克丙火），丁日癸卯时（癸水克丁火），戊日甲寅时（甲木克戊土），己日乙丑时（乙木克己土），庚日丙子时（丙火克庚金），辛日丁酉时

(丁火克辛金)，壬日戊申时（戊土克壬水），癸日己未时（己土克癸水)。凡五不遇时，大凶，纵然得三奇或吉门，也不可用。凡预测遇五不遇时，事多不顺，但不一定都凶，还要看格局的好坏，星、门的吉凶。凡用事时辰，最好避开五不遇时为妥。

以上是奇门遁甲预测的基础理论，必须熟悉，在彩票中奖号码预测中才能减少失误。

第三节　奇门遁甲预测彩票中奖号码的方法

用奇门遁甲来预测彩票是一个新课题。古人用奇门遁甲预测事物的方法可以继承，但绝对不能生搬硬套。

(1)《奇门遁甲秘籍大全》说："奇门上盘像天，中盘像人，下盘像地。上盘像天，九星也；中盘像人也；下盘像地，九宫也。用法则首重九星，以九星是天盘，吉凶由 天故也。凡星克门吉，门克星凶。凡出行趋避者，首重八门，以八门为人盘，吉凶由人自取故也。凡门生宫、宫生门吉，门克宫、宫克门凶，伤人事故凶。凡造葬迁 移者，首重九宫，以九宫为地盘，迁移等事皆由地而起也。故门宫相生俱吉，相克俱凶。苟得此意而推之，凡事关天人者无不可以类通。妙哉！此示人以用法。"这里论述的是由天盘、地盘、人盘分别所主所象征的事通过盘与盘之间的生克关系来断卦的方法。

(2)《奇门统宗》说："奇门占法要分动静之用，静则只查值符、值使、时干，看其生克衰旺如何。动则专看方向，盖动者机之先见者也。如闻南方之事则占离位，闻北方之事则占坎位。这里提出的是一种静看值符、值使、时干生克衰旺，动则看其方位上天地人神四盘状况的断卦方法。”

（3）用神断卦法。也就是说，根据不同事物，确定不同的用神，看其落宫所处状态，以及同其他事物（代表其他事物的用神）之间的生合刑克关系，来判断其吉凶悔吝。

以上是前人利用奇门遁甲预测事物的综合论述。而用奇门遁甲预测彩票中奖号码，我们经过大量实战总结出以下几点。

第一，看用神。奇门遁甲预测彩票中奖号码以伤门为用神。伤门受制出中奖号码，伤门受生也出中奖号码。伤门的对冲宫易出中奖号码。

第二，看玄武螣蛇。玄武螣蛇是偏财，所出现的宫易出中奖号码。

第三，看值符值使所临的宫或对冲宫。值符值使临同一宫时，出中奖号码的概率最高。值符宫六仪击刑或戊加辛、庚加癸、辛加戊、壬加己等对冲格局，号码在值符的对冲之宫，有一定准确率。

第四，艮宫，坎宫，乾宫加生门，休门，开门三吉门出中奖号码概率低。震宫，巽宫，离宫，坤宫，兑宫加伤门，杜门，景门，死门，惊门凶门易出中奖号码。

第五，天盘十干和地盘十干生克断语凶，八门和财有关断语凶，奇门凶格易出中奖号码。

总之，奇门遁甲是以生休开三吉门为吉，以乙丙丁三奇为吉，而预测彩票中奖号码则要反其道而行之。

下面我们将各条内容举例说明之。

预测彩票中奖号码为什么要以伤门作用神？伤门的解释是：伤门属木，旺于春，特别是卯月，相于冬，休于夏，囚于四季月，死于秋。伤门居震宫伏吟，居兑宫反吟，居坤宫入墓，居坎宫生旺大凶，居乾宫受制，居艮宫被迫大凶，居离宫泄气。伤门为凶门，不利经商、出行、赴任、修造、嫁娶，经商易破财，出行易有灾。但适宜于索债、捕捉盗贼、渔猎、赌钱等。去买彩票就是想中奖获大利，这和赌钱没有什么区别。所以用伤门作预测彩票中奖号码的用神。

【例一】2010年4月1日，星期四，双色球第36期开奖日。根据双色球晚上21∶30分摇奖的时间，排奇门遁甲盘如下。

时间：2010年04月01日21时30分

农历：庚寅年二月十七日亥时

干支：庚寅　己卯　辛巳　己亥

旬空：午未　申酉　申酉　辰巳

惊蛰：2010年03月06日00时52分

春分：2010年03月21日01时48分

春分：上元　己亥时旬首为辛

阳遁三局　值符天心落四宫　值使开门落二宫

值符 死门　辛 天心　己	螣蛇 惊门　丙 天蓬　丁	太阴 开门　癸 天任　乙
九天 景门　壬 天柱　戊	庚	六合 休门　戊 天冲　壬
九地 庚　杜门　乙 禽　天芮　癸	玄武 伤门　丁 天英　丙	白虎 生门　己 天辅　辛

四 **13 04 22 31**	**九** **18 09 27**	**二** **20 02 11 29**
三 **12 03 21 30**	**五** **14 05 23 32**	**七** **16 07 25**
八 **17 08 26**	**一** **10 01 19 28**	**六** **15 06 24 33**

（1）寻找用神伤门所临的宫位。伤门临坎宫，玄武值之，水生木，伤门更旺。天盘丁奇加地盘丙奇，为星随月转，贵人越级高升。六丙到坎，名为“丙火烧壬”，吉，主胜。断语利伤门，有出中奖号码的概率。坎宫对应的号码是01101928。

（2）寻找值符值使所临的宫位。值符天心落四宫。值使开门落二宫。巽宫：死加杜：主破财，妇人风疾，凶。天心星值亥时，主鸡鸣犬吠，老人着皮衣帽至，手拿铁器为应。作用后七日内有远人来借宿，遗下财物而去。断语极凶，但值符天心临之，外应利财，有出中奖号码的概率。巽宫对应的号码是04132231。坤宫：天盘甲寅癸加地盘乙奇，华盖逢星，贵人禄位，常人平安，门吉则吉。开加死：主官司惊忧，先忧后喜。开门加乙，小财可求。六乙到坤，名为“玉兔入坤中”，吉。断语吉，有财可求。值使开门落临之，有出中奖号码的概率。坤宫对应的号码是02112029。中五宫寄坤宫，也有出中奖号码的概率。中宫对应的号码是05142332。

（3）乾宫：天盘甲戌己加地盘甲午辛，为游魂入墓，易遭阴邪鬼魅作祟。断语利五鬼求偏财。生加开：主见贵人，求财大发。乾宫是值符天心落四宫的对冲宫，生门加之，大吉大利。有出中奖号码的概率。乾宫对应的号码是06152433。

（4）震宫是坤宫和乾宫等边三角形的对称点，又是用神伤门所居之宫。震宫断语：天盘甲辰壬加地盘甲子戊，小蛇化龙，男人发达，女人产婴童。景门加戊，因财产词讼，远行吉。天柱星值亥时，主西方有钟声、山下人喊叫为应，作用后百日内因救火得财，大利。有出中奖号码的概率。震宫对应的号码是03122130。

我们把坎坤震巽中乾宫对应的号码进行排列：

010203040506101112131415192021222324282930313233 共计 24 码。当期双色球中奖号码 061314282930—08。24 个双色球预测号码中出六个红球，可中得二等奖。也许有人会说24 码太多，不是一般彩民能承受得了的。那么我们可以结合尾数走势图和奇门盘确定尾数 034689。再和 24 码对比筛选，符合尾数的号码是 030406101314192023242829303 3 十五码。如果将 15 码去缩水则投注额少多了。

【例二】2010 年 4 月 4 日，星期日，双色球第 37 期开奖日。根据双色球晚上 21∶30 分摇奖的时间，排奇门遁甲盘如下。

时间：2010 年 04 月 04 日 21 时 30 分

农历：庚寅年二月二十日亥时

干支：庚寅　己卯　甲申　乙亥

旬空：午未　申酉　午未　申酉

惊蛰：2010 年 03 月 06 日 00 时 52 分

春分：2010 年 03 月 21 日 01 时 48 分

春分：中元　乙亥时旬首为己

阳遁九局　值符天蓬落八宫　值使休门落二宫

太阴 惊门　辛 天冲　壬	六合 开门　壬 天辅　戊	白虎 休门　戊 天英　庚
螣蛇 死门　乙 天任　辛	癸	玄武 癸　生门　庚 禽　天芮　丙
值符 景门　己 天蓬　乙	九天 杜门　丁 天心　己	九地 伤门　丙 天柱　丁

四 **13 04 22 31**	**九** **18 09 27**	**二** **20 02 11 29**
三 **12 03 21 30**	**五** **14 05 23 32**	**七** **16 07 25**
八 **17 08 26**	**一** **10 01 19 28**	**六** **15 06 24 33**

（1）寻找用神伤门所临的宫位。用神伤门加乾宫，宫克门，凶门不凶，吉。乾宫：天盘丙奇加地盘丁奇，为星奇朱雀，贵人文书吉利，得三吉门为天遁。伤加开：主贵人开张有走失变动之事。天柱星值亥时，主西方有钟声、山下人喊叫为应，作用后百日内因救火得财，大利。六丁到乾，名为“火到天门”，吉。断语吉多，用神临之，有出中奖号码的概率。乾宫对应的号码是06152433。

（2）寻找玄武螣蛇所临的宫位。玄武临兑宫。兑宫：天盘甲寅癸加地盘丙奇，为华盖悖师，贵贱逢之皆不利，惟上人见喜。天盘甲申庚加地盘丙奇，为太白入荧，贼定要来，为客进利，为主破财。太白入荧，一个进财，一个破财。利客不利主，彩民是客方大利。生加惊：主尊长财产、词讼，病迟愈，吉。生门加丙，主贵人印绶、婚姻、书信喜事。断语利求财，有出中奖号码的概率。兑宫对应的号码是071625。螣蛇临震宫，伤门之位。震宫：天盘乙奇加地盘甲午辛，为青龙逃走，人亡财破，奴仆拐带，六畜皆伤。死加伤：主官事动而被刑杖，凶。死门加辛，主盗贼失脱难获。天任星值亥时，主西方人磬鸣，人拿来火喊叫为应。作用后一年内因救火得财，大利。宫克门，断语凶，物极必反，在震宫却利求偏财，外应利财，有出中奖号码的概率。震宫对应的号码是03122130。

（3）寻找值符值使所临的宫位。值符天蓬落八宫，值使休门落二宫。先看艮宫，景门火生艮宫土，吉。艮宫：景加生：主阴人生产大喜，更主求财旺利，行人皆吉。天蓬星值亥时，主小儿成群至，女人著孝服为应。作用后六十日因捉贼得钱财，三年内卖药及符水大发。天蓬星利求偏财。六乙到艮，名为“玉兔步贵宫”，吉。断语吉多利求财，有出中奖号码的概率。艮宫对应的号码是

081726。值使休门落二宫。坤宫加休门，土克水，断语凶，排除之。

（4）天心星是大吉之星。天心星值亥时，主鸡鸣犬吠，老人著皮衣帽至，手拿铁器为应。作用后七日内有远人来借宿，遗下财物而去。断语利求偏财。有出中奖号码的概率。坎宫对应的号码是01101928。

我们把艮兑乾震坎宫对应的号码进行排列：010306070810121516171921242526283033 共计18码。当期双色球中奖号码 031619212426——06。十八个双色球预测号码中出六个红球，一个蓝球，可中得一等奖。也许有人会说18码太多，不是一般彩民能承受得了的。那么我们可以结合尾数走势图和奇门盘确定尾数 13469。再和 18 码对比筛选，符合尾数的号码是010306161921242633 九码。如果将9码去缩水则投注额少多了。

【例三】2010年4月6日，星期二，双色球第38期开奖日。根据双色球晚上21:30分摇奖的时间，排奇门遁甲盘如下。

时间：2010年04月06日21时30分

农历：庚寅年二月廿二日亥时

干支：庚寅　庚辰　丙戌　己亥

旬空：午未　申酉　午未　辰巳

春分：2010年03月21日01时48分

清明：2010年04月05日05时55分

清明：中元　己亥时旬首为辛

阳遁一局　值符天辅落二宫　值使杜门落九宫

九地 伤门　丙 天任　辛	九天 杜门　庚 天冲　乙	值符 景门　辛 天辅　己
玄武 生门　戊 天蓬　庚	 壬	螣蛇 死门　乙 天英　丁
白虎 休门　癸 天心　丙	六合 开门　丁 天柱　戊	太阴 壬　惊门　己 禽　天芮　癸

四 **13 04 22 31**	**九** **18 09 27**	**二** **20 02 11 29**
三 **12 03 21 30**	**五** **14 05 23 32**	**七** **16 07 25**
八 **17 08 26**	**一** **10 01 19 28**	**六** **15 06 24 33**

（1）寻找用神伤门所临的宫位。用神伤门临巽宫。巽宫：天盘丙奇加地盘甲午辛，丙辛相合，谋事能成。伤门到巽，门宫比和，吉。有出中奖号码的概率。巽宫对应的号码是04132231。

（2）寻找值符值使所临的宫位。值符天辅落二宫，值使杜门落九宫。坤宫：天辅星值亥时，主有跛足人至，青衣人来，东北方人家火光为应。作用后百日内猫捕白鼠，一年内进田产。值符天辅星临，有出中奖号码的概率。坤宫对应的号码是02112029。值使杜门落九宫的对冲宫坎。坎宫：天盘丁奇加地盘甲子戊，为青龙转光，官人升迁，常人威昌。开加休：主见贵人财喜及开张铺店，贸易大吉。开门加戊，财名俱得。真是大吉大利，有出中奖号码的概率。坎宫对应的号码是01101928。

（3）寻找玄武螣蛇所临的宫位。兑宫：天盘乙奇加地盘丁奇，为奇仪相佐，最利文书、考试，百事可为。门生宫，螣蛇临兑宫。有出中奖号码的概率。兑宫对应的号码是071625。

乾宫是用神伤门加巽宫的对冲宫。乾宫：天芮星值亥时，有小儿成群，妇人著孝服至为应。后六十日因贼得财，三年后因符水药剂发财。惊加开：主忧疑、官司、惊恐，又主上见喜，不凶。门宫比和，凶事不凶，外应利财。有出中奖号码的概率。乾宫对应的号码是06152433。

我们把坎坤巽乾兑宫对应的号码进行排列：010204060710111315161920222425282931 33 共计十五码。当期双色球中奖号码010607111316—01。十五个双色球预测号码中出六个红球，一个蓝球，可中得一等奖。也许有人会说15码太多，不是一般彩民能承受得了的。那么我们可以结合尾数走势图和奇门盘确定尾数 1367。再和 15 码对比筛选，符合尾数的号码是 0106071113163133 八码。如果将 8 码去投注就能中出一等奖，何乐而不为？

【例四】2010 年 4 月 8 日，星期四，双色球第 39 期开奖日。根据双色球晚上 21:30 分摇奖的时间，排奇门遁甲盘如下。

时间：2010 年 04 月 08 日 21 时 30 分
农历：庚寅年二月廿四日亥时
干支：庚寅　庚辰　戊子　癸亥
旬空：午未　申酉　午未　子丑
春分：2010 年 03 月 21 日 01 时 48 分
清明：2010 年 04 月 05 日 05 时 55 分

清明：中元　癸亥时旬首为癸
阳遁一局　值符天心落六宫　值使开门落六宫

白虎 杜门　辛 天辅　辛	玄武 景门　乙 天英　乙	九地 壬　死门　己 禽　天芮　己
六合 伤门　庚 天冲　庚	壬	九天 惊门　丁 天柱　丁
太阴 生门　丙 天任　丙	螣蛇 休门　戊 天蓬　戊	值符 开门　癸 天心　癸

四 **13 04 22 31**	**九** **18 09 27**	**二** **20 02 11 29**
三 **12 03 21 30**	**五** **14 05 23 32**	**七** **16 07 25**
八 **17 08 26**	**一** **10 01 19 28**	**六** **15 06 24 33**

（1）寻找用神伤门所临的宫位。伤门临震宫。震宫：天盘甲申庚加地盘甲申庚，为太白同宫，又名战格，官灾横祸。伤加伤：主变动、远得折伤，凶。伤门加庚，主讼狱被刑杖，凶。天冲星值亥时，有跛足青衣人至、东方人家起火为应。作用后一百日内猫捕鼠，一年内得财，进人家田契。断语凶，但伤门对买彩票有利，越凶越中奖，有出中奖号码的概率。震宫对应的号码是03122130。

（2）伤门的对冲宫兑宫在考虑范围之内。兑宫：天盘丁奇加地盘丁奇，为星奇入太阴，喜事从心，万事如意。天柱星值亥时，主西方有钟声、山下人喊叫为应，作用后百日内因救火得财，大利。门宫比和，吉。外应利财，有出中奖号码的概率。兑宫对应的号码是071625。

（3）艮宫：天盘丙奇加地盘丙奇，为月奇悖师。生加生：主远得，求财吉。生门加丙，主贵人印绶、婚姻、书信喜事。天任星值亥时，主西方人磬鸣，人拿来火喊叫为应。作用后一年内因救火得财，大利。六丙到艮，名为“凤入丹山”，吉。生门加艮宫，求财大吉。有出中奖号码的概率。艮宫对应的号码是081726。

（4）中宫寄坤宫，是艮宫的对冲宫，在考虑范围之内。坤宫：天盘甲戌己加地盘甲戌己，为地户逢鬼，病者发凶或必死，百事不遂，暂不谋为，谋为则凶。死加死：主官事稽留，印信无气，凶。死门加己，主病讼牵连不已，凶。天禽星值亥时，主有西北方妇人笑声大起，狂风折树毁屋人喊叫为应，作用后百日内进铁匠器物及僧道产。一个字凶。但物极必反，有出中奖号码的概率。中宫对应的号码是05142332。

我们把震中兑艮宫对应的号码进行排列：

0305070812141617212325263032 共计十四码。当期双色球中奖号码：081721232532—12。十四个双色球预测号码中出六个红球，一个蓝球，可中得一等奖。也许有人会说14码太多，不是一般彩民能承受得了的。那么我们可以结合尾数走势图和奇门盘确定尾数123578。再和14码对比筛选，符合尾数的号码是03050708121721232532十码。如果将十码去投注就能中出一等奖，何乐而不为？

【例五】2010年4月18日，星期日，双色球第43期开奖日。根据双色球晚上21∶30分摇奖的时间，排奇门遁甲盘如下。

时间：2010年04月18日21时30分
农历：庚寅年三月初五日亥时
干支：庚寅　庚辰　戊戌　癸亥
旬空：午未　申酉　辰巳　子丑
春分：2010年03月21日01时48分
清明：2010年04月05日05时55分

清明：上元　癸亥时旬首为癸
阳遁四局　值符天英落九宫　值使景门落九宫

九天 杜门　戊 天辅　戊	值符 景门　癸 天英　癸	螣蛇 己　死门　丙 禽　天芮　丙
九地 伤门　乙 天冲　乙	己	太阴 惊门　辛 天柱　辛
玄武 生门　壬 天任　壬	白虎 休门　丁 天蓬　丁	六合 开门　庚 天心　庚

四 **13 04 22 31**	**九** **18 09 27**	**二** **20 02 11 29**
三 **12 03 21 30**	**五** **14 05 23 32**	**七** **16 07 25**
八 **17 08 26**	**一** **10 01 19 28**	**六** **15 06 24 33**

（1）乾宫：开加开：主贵人宝物财喜。开门在乾，经商求财大利。天心星值亥时，主鸡鸣犬吠，老人著皮衣帽至，手拿铁器为应。作用后七日内有远人来借宿，遗下财物而去。断语利求财，外应有财。有出中奖号码的概率。乾宫对应的号码是06152433。

（2）坎宫：天盘丁奇加地盘丁奇，为星奇入太阴，喜事从心，万事如意。休加休：求财、进人口、谒贵吉，朝见、上官、修造、大利。休门加丁，百讼休歇。天蓬星值亥时，主小儿成群至，女人著孝服为应。作用后六十日因捉贼得钱财，三年内卖药及符水大发。断语利求财，有出中奖号码的概率。坎宫对应的号码是01101928。

（3）乾宫的对冲宫巽宫在考虑范围之内。巽宫：天盘甲子戊加临地盘甲子戊，伏吟，遇此，凡事不利，道路闭塞，以守为好。杜加杜：主因父母疾病，田宅出脱，事凶。杜门加戊，主谋事不成。断语凶，物极必反，有出中奖号码的概率。巽宫对应的号码是04132231。

我们把乾坎巽宫对应的号码排列：010406101315192224283133共计十二码。当期双色球中奖号码：041019222833—04。十二个双色球预测号码中出六个红球，一个蓝球，可中得一等奖。也许有人会说12码太多，不是一般彩民能承受得了的。那么我们可以结合尾数走势图和奇门盘确定尾数023489。再和12码对比筛选，符合尾数的号码是0410131922242833 八码。如果将八码去投注就能中出一等奖，何乐而不为?

【例六】2010年4月22日，星期四，双色球第45期开奖日。

根据双色球晚上21:30分摇奖的时间，排奇门遁甲盘如下。

时间：2010年04月22日21时30分

农历：庚寅年三月初九日亥时

干支：庚寅　庚辰　壬寅　辛亥

旬空：午未　申酉　辰巳　寅卯

清明：2010年04月05日05时55分

谷雨：2010年04月20日13时07分

谷雨：中元　辛亥时旬首为壬

阳遁二局　值符天心落五宫　值使开门落四宫

九地 辛　开门　戊 禽　天芮　庚	九天 休门　癸 天柱　丙	值符 生门　壬 天心　戊
玄武 惊门　丙 天英　己	辛	螣蛇 伤门　乙 天蓬　癸
白虎 死门　庚 天辅　丁	六合 景门　己 天冲　乙	太阴 杜门　丁 天任　壬

四 13 04 22 31	九 18 09 27	二 20 02 11 29
三 12 03 21 30	五 14 05 23 32	七 16 07 25
八 17 08 26	一 10 01 19 28	六 15 06 24 33

（1）寻找玄武螣蛇所临的宫位。玄武临震宫。震宫：天盘丙奇加地盘甲戌己，为火悖入刑，囚人刑杖，文书不行，凶门转凶。惊加伤：主因商议同谋害人，事泄惹讼，凶。惊门加己，主恶犬伤人成讼。断语凶，物极必反，震宫是用神伤之居处，今玄武临之，利求偏财，有出中奖号码的概率。震宫对应的号码是03122130。

（2）寻找值符值使所临的宫位。值符天心落五宫，值使开门落四宫。五宫寄坤宫。坤宫：天盘甲辰壬加地盘甲子戊，小蛇化龙，男人发达，女人产婴童。生门加戊，嫁娶、求财、谒贵皆吉。天心星值亥时，主鸡鸣犬吠，老人著皮衣帽至，手拿铁器为应。作用后七日内有远人来借宿，遗下财物而去。断语利求财，有出中奖号码的概率。震宫对应的号码是02112029。

（3）值使开门落四宫。巽宫：。吉门克宫，凶事不凶。天芮星值亥时，有小儿成群，妇人著孝服至为应。后六十日因贼得财，三年后因符水药剂发财。值使临之。外应利求偏财，有出中奖号码的概率。巽宫对应的号码是01132231。

我们把坤震巽宫对应的号码排列：020304111213202122293031共计十二码。当期双色球中奖号码：020304132029—01。十二个双色球预测号码中出六个红球，可中得二等奖。也许有人会说十二码太多，不是一般彩民能承受得了的。那么我们可以结合尾数走势图和奇门盘确定尾数02349。再和十二码对比筛选，符合尾数的号码是020304121320222930九码。如果将九码去投注就能中出二等奖，何乐而不为?

【例七】2010年4月25日，星期日，双色球第46期开奖日。根据双色球晚上21∶30分摇奖的时间，排奇门遁甲盘如下。

时间：2010年04月25日21时30分

农历：庚寅年三月十二日亥时

干支：庚寅　庚辰　乙巳　丁亥

旬空：午未　申酉　寅卯　午未

清明：2010年04月05日05时55分

谷雨：2010年04月20日13时07分

谷雨：下元　丁亥时旬首为庚

阳遁八局　值符天蓬落五宫　值使休门落四宫

九地 休门　乙 天柱　癸	九天 生门　丙 天心　己	值符 伤门　庚 天蓬　辛
玄武 丁　开门　辛 禽　天芮　壬	丁	螣蛇 杜门　戊 天任　乙
白虎 惊门　己 天英　戊	六合 死门　癸 天辅　庚	太阴 景门　壬 天冲　丙

四 **13 04 22 31**	**九** **18 09 27**	**二** **20 02 11 29**
三 **12 03 21 30**	**五** **14 05 23 32**	**七** **16 07 25**
八 **17 08 26**	**一** **10 01 19 28**	**六** **15 06 24 33**

（1）寻找用神伤门所临的宫位。伤门临坤宫。坤宫：天盘甲申庚加地盘甲午辛，为白虎干格，求财更为大凶。伤加死：主官司印信凶，出行大忌，点病凶。伤门加辛，主夫妻怀私恣怨。门克宫，断语凶，但伤门入墓，等于把伤门关起来了，利求偏财。有出中奖号码的概率。坤宫对应的号码是02112029。值符天蓬落五宫。中五宫寄坤宫，天蓬星值亥时，主小儿成群至，女人著孝服为应。作用后六十日因捉贼得钱财，三年内卖药及符水大发。利求偏财。有出中奖号码的概率。中五宫对应的号码是05142332。

（2）寻找玄武螣蛇所临的宫位。玄武临震宫。震宫：天盘丁奇加地盘甲辰壬，丁壬相合，主贵人恩诏，讼狱公平。开门克震宫，开门是大吉之门，凶事难起，玄武利求偏财，有出中奖号码的概率。震宫对应的号码是03122130。

（3）离宫：天盘丙奇加地盘甲戌己，为火悖入刑，囚人刑杖，吉门得吉，。生加景：主阴人、小口不宁及文书事后吉。生门加己，主得贵人维持，吉。天心星值亥时，主鸡鸣犬吠，老人著皮衣帽至，手拿铁器为应。作用后七日内有远人来借宿，遗下财物而去。生门得离火生，大吉。断语吉，利求偏财，有出中奖号码的概率。离宫对应的号码是091827。

我们把坤震中离宫对应的号码进行排列：020305091112141820212327293032 共计十五码。当期双色球中奖号码：111221232732—05。十五个双色球预测号码中出六个红球，一个蓝球，可中得一等奖。也许有人会说15 太多，不是一般彩民能承受得了的。那么我们可以结合尾数走势图和奇门盘确定尾数1237。再和15 码对比筛选，符合尾数的号码是020305111221232732 九码。

如果将九码去投注就能中出一等奖。何乐而不为?

【例八】2010 年 4 月 27 日，星期二，双色球第 47 开奖日。根据双色球晚上 21∶30 分摇奖的时间，排奇门遁甲盘如下。

时间：2010 年 04 月 27 日 21 时 30 分

农历：庚寅年三月十四日亥时

干支：庚寅　庚辰　丁未　辛亥

旬空：午未　申酉　寅卯　寅卯

清明：2010 年 04 月 05 日 05 时 55 分

谷雨：2010 年 04 月 20 日 13 时 07 分

谷雨：下元　辛亥时旬首为壬

阳遁八局　值符天冲落二宫　值使伤门落一宫

九地 死门　庚 天蓬　癸	九天 惊门　戊 天任　己	值符 开门　壬 天冲　辛
玄武 景门　丙 天心　壬	 丁	螣蛇 休门　癸 天辅　乙
白虎 杜门　乙 天柱　戊	六合 丁　伤门　辛 禽　天芮　庚	太阴 生门　己 天英　丙

四 **13 04 22 31**	九 **18 09 27**	二 **20 02 11 29**
三 **12 03 21 30**	五 **14 05 23 32**	七 **16 07 25**
八 **17 08 26**	一 **10 01 19 28**	六 **15 06 24 33**

（1）寻找用神伤门所临的宫位。值使伤门落一宫。伤门临坎宫。坎宫：天芮星值亥时，有小儿成群，妇人著孝服至为应。后六十日因贼得财，三年后因符水药剂发财。宫生门，伤门更旺，利求偏财。值使临之，有出中奖号码的概率。坎宫对应的号码是01101928。

（2）值符天冲落二宫。坤宫：天盘甲辰壬加地盘甲午辛，为螣蛇相缠，纵得吉门，亦不能安宁。开加死：主官司惊忧，先忧后喜。开门加辛，阴人道路。天冲星值亥时，有跛足青衣人至，东方人家起火为应。作用后一百日内猫捕鼠，一年内得财，进人家田契。坤宫生开门，凶事难成。断语利求财，有出中奖号码的概率。坤宫对应的号码是02112029。中宫寄坤宫，也在考虑的范围内。中宫对应的号码是05142332。

（3）寻找玄武螣蛇所临的宫位。玄武临震宫。震宫：天心星值亥时，主鸡鸣犬吠，老人著皮衣帽至，手拿铁器为应。作用后七日内有远人来借宿，遗下财物而去。宫生门，吉。玄武临之，有出中奖号码的概率。震宫对应的号码是03122130。

（4）天蓬星利偏财，临巽宫。巽宫：天盘甲申庚加地盘甲寅癸，为大格，因寅申相冲，大凶。死加杜：主破财，凶。门加癸，主妇女嫁娶事凶。天蓬星值亥时，主小儿成群至，女人著孝服为应。作用后六十日因捉贼得钱财，三年内卖药及符水大发。断语凶，宫克门，但物极必反，有出中奖号码的概率。巽宫对应的号码是04132231。

我们把坎坤中震巽宫对应的号码进行排列：01020304051011121314192021222328293031 32 共计二十码。当期双色球中奖号码：031013202132－15。二十个双色球预测号码中出六个红球，可中得二等奖。也许有人会说20个码太多，不是一般彩民能承受得了的。那么我们可以结合尾数走势图和奇门盘确定尾数0123。再和20码对比筛选，符合尾数的号码是0102031011121320212223303132十四码，中出六个红球，可中得二等奖。

【例九】2010年5月2日，星期日，双色球第47开奖日。根据双色球晚上21∶30分摇奖的时间，排奇门遁甲盘如下。

时间：2010年05月02日21时30分

农历：庚寅年三月十九日亥时

干支：庚寅　庚辰　壬子　辛亥

旬空：午未　申酉　寅卯　寅卯

清明：2010年04月05日05时55分

谷雨：2010年04月20日13时07分

谷雨：上元　辛亥时旬首为壬

阳遁五局　值符天英落八宫　值使景门落七宫

太阴 生门　庚 天柱　乙	六合 伤门　己 天心　壬	白虎 杜门　癸 天蓬　丁
螣蛇 戊　休门　丁 禽　天芮　丙	戊	玄武 景门　辛 天任　庚
值符 开门　壬 天英　辛	九天 惊门　乙 天辅　癸	九地 死门　丙 天冲　己

四 **13 04 22 31**	**九** **18 09 27**	**二** **20 02 11 29**
三 **12 03 21 30**	**五** **14 05 23 32**	**七** **16 07 25**
八 **17 08 26**	**一** **10 01 19 28**	**六** **15 06 24 33**

（1）寻找用神伤门所临的宫位。伤门临离宫。离宫：天心星值亥时，主鸡鸣犬吠，老人著皮衣帽至，手拿铁器为应。作用后七日内有远人来借宿，遗下财物而去。断语凶。门生宫，吉。得偏财之意，有出中奖号码的概率。离宫对应的号码是091827。

（2）值符天英落八宫。艮宫：开加生：主见贵人，谋望所求遂意。宫生门，大吉。有出中奖号码的概率。艮宫对应的号码是081726。

（3）坎宫：天盘乙奇加地盘甲寅癸，为华盖逢星，遁迹修道，隐匿藏形，躲灾避难为吉。惊加休：主求财事或因口舌求财事迟吉。门生宫，吉。有出中奖号码的概率。坎宫对应的号码是01101928。

（4）乾宫：死加开：主见贵人，求印信文书事大利。天冲星值亥时，有跛足青衣人至、东方人家起火为应。作用后一百日内猫捕鼠，一年内得财，进人家田契。门生宫，断语有得财之意，有出中奖号码的概率。乾宫对应的号码是06152433。

我们把坎乾艮离宫对应的号码进行排列：0106080910151718192426272833 共计十四码。当期双色球中奖号码：010610262728—02。十四个双色球预测号码中出六个红球，可中得二等奖。也许有人会说14太多，不是一般彩民能承受得了的。那么我们可以结合尾数走势图和奇门盘确定尾数01678。再和14码对比筛选，符合尾数的号码是010608101718262728 九码。如果将九码去投注就能中出二等奖。何乐而不为？

【例十】2010年5月9日，星期日，双色球第52开奖日。根据双色球晚上21∶30分摇奖的时间，排奇门遁甲盘如下。

时间：2010年05月09日21时30分

农历：庚寅年三月廿六日亥时

干支：庚寅　辛巳　己未　乙亥

旬空：午未　申酉　子丑　申酉

谷雨：2010年04月20日13时07分

立夏：2010年05月05日23时29分

立夏：下元　乙亥时旬首为己

阳遁七局　值符天任落六宫　值使生门落九宫

白虎 丙　休门　壬 禽　天芮　丁	玄武 生门　戊 天柱　庚	九地 伤门　乙 天心　壬
六合 开门　庚 天英　癸	丙	九天 杜门　辛 天蓬　戊
太阴 惊门　丁 天辅　己	螣蛇 死门　癸 天冲　辛	值符 景门　己 天任　乙

四 13 04 22 31	九 18 09 27	二 20 02 11 29
三 12 03 21 30	五 14 05 23 32	七 16 07 25
八 17 08 26	一 10 01 19 28	六 15 06 24 33

（1）寻找用神伤门所临的宫位。伤门临坤宫。坤宫：天盘乙奇加地盘甲辰壬，为日奇入地，官讼是非，有人谋害之事。伤加死：主官司印信凶，出行大忌，点病凶。伤门加壬，主因盗牵连。天心星值亥时，主鸡鸣犬吠，老人著皮衣帽至，手拿铁器为应。作用后七日内有远人来借宿，遗下财物而去。断语凶，物极必反，伤门入墓相当于伤门被关起来。外应有得偏财之意，有出中奖号码的概率。坤宫对应的号码是02112029。中五宫寄坤宫，也在考虑的范围之内，中宫对应的号码是05142332。

（2）值使生门落九宫。玄武临宫。离宫：生加景：主阴人、小口不宁及文书事后吉。天柱星值亥时，主西方有钟声、山下人喊叫为应，作用后百日内因救火得财，大利。宫生门，吉。生门乘旺，外应利财，有出中奖号码的概率。离宫对应的号码是091827。

（3）螣蛇临坎宫。坎宫：死加休：主求财物事不吉，若问生道求方吉。天冲星值亥时，有跛足青衣人至、东方人家起火为应。作用后一百日内猫捕鼠，一年内得财，进人家田契。门克宫，凶。外应有得财之意，有出中奖号码的概率。坎宫对应的号码是01101928。

我们把坎坤中离宫对应的号码进行排列：010205091011141819202327282932 共计十五码。当期双色球中奖号码：010219232729—10。十五个双色球预测号码中出六个红球，一个蓝球，可中得一等奖。也许有人会说15 太多，不是一般彩民能承受得了的。那么我们可以结合尾数走势图和奇门盘确定尾数 12379。再和15 码对比筛选，符合尾数的号码是 010209111923272932 九码。如果将九码去投注就能中出二等奖。何乐而不为？

看完以上十个例题，读者一定感到奇门遁甲预测彩票中奖号码的神奇。但对**如何结合尾数走势图和奇门盘确定尾数**又会陷入迷惘。下面将举例说明之。

【例一】2009 年 11 月 5 日，星期四，双色球 130 开奖日。根据双色球晚上 20:30 分摇奖的时间，排奇门遁甲盘如下。2009 年双色球是戌时开奖。

时间：2009 年 11 月 05 日 20 时 30 分

农历：己丑年九月十九日戌时

干支：己丑　甲戌　甲寅　甲戌

旬空：午未　申酉　子丑　申酉

寒露：2009 年 10 月 08 日 12 时 15 分

霜降：2009 年 10 月 23 日 15 时 05 分

霜降：中元　甲戌时旬首为己

阴遁八局　值符天柱落七宫　值使惊门落七宫

六合 杜门　壬 天辅　壬	太阴 景门　乙 天英　乙	螣蛇 辛　死门　丁 禽　天芮　丁
白虎 伤门　癸 天冲　癸	辛	值符 惊门　己 天柱　己
玄武 生门　戊 天任　戊	九地 休门　丙 天蓬　丙	九天 开门　庚 天心　庚

四 13 04 22 31	九 18 09 27	二 20 02 11 29
三 12 03 21 30	五 14 05 23 32	七 16 07 25
八 17 08 26	一 10 01 19 28	六 15 06 24 33

（1）寻找用神伤门所临的宫位。伤门临震宫。震宫：天盘甲寅癸加地盘甲寅癸，为天网四张，主行人失伴，病讼皆伤。伤加伤：主变动、远得折伤，凶。伤门加癸，主讼狱被冤，有理难伸。天冲星值戌时，西方有三五人来寻物，及师巫人对走为应。作用后六十日鸡鸣上树，远信至、得外人财。断语凶，但伤门利求偏财，外应得财，有出中奖号码的概率。震宫对应的号码是03122130。

（2）值符天柱落七宫，值使惊门落七宫。兑宫：天盘甲戌己加地盘甲戌己，为地户逢鬼，百事不遂，暂不谋为，谋为则凶。惊加惊：主疾病、忧疑、惊疑。惊门加己，主恶犬伤人成讼。断语虽凶，值符值使落兑宫，有出中奖号码的概率。兑宫对应的号码是071625。

（3）螣蛇临坤宫。坤宫：天盘甲午辛加地盘丁奇，为狱神得奇，经商求财获利倍增，囚人逢天赦释免。天盘丁奇加地盘丁奇，为星奇入太阴，文书证件即至，喜事从心，万事如意。天禽星值戌时，主东北方有钟鼓声，青衣童子携篮至为应。作用后金十日内白鼠来，得寡妇财物发达。天芮星值戌时，有老人扶杖至，西方雷雨，鬓须人担物来为应。后有白犬自来，六十日拾军马器得横财大发。六丁到坤，名为“玉女游地户”，吉。死门虽凶，但得丁奇，外应利求偏财，有出中奖号码的概率。坤宫对应的号码是02112029。

（4）巽宫：天盘甲辰壬加地盘甲辰壬，为蛇入地罗，外人缠绕，内事索索。杜加杜：主因父母疾病，田宅出脱，事凶。杜门加壬，主奸盗事，凶。断语凶，物极必反。有出中奖号码的概率。巽宫对应的号码是04132231。

我们把坤震巽兑宫对应的号码进行排列：020304071112131620212225293031 共计十五码。当期双色球中奖号码：020307121330—11。十五个双色球预测号码中出六个红球，一个蓝球，可中得一等奖。也许有人会说15 太多，不是一般彩民能承受得了的。那么我们可以结合尾数走势图和奇门盘确定尾数。奇门盘中用神伤门临震宫，3 尾必出。值符天柱落七宫，值使惊门落七宫。7 尾必出。螣蛇临坤宫，2 尾必出。中宫寄坤宫，05 尾必有码。结合中奖号码尾数走势图，确定尾数 0237。再和 15 码对比筛选，符合尾数的号码是 0203071213202230 八码。如果将八码去投注就能中出二等奖。何乐而不为？

【例二】2010 年 9 月 2 日，星期四，双色球第 102 开奖日。根据双色球晚上 21∶30 分摇奖的时间，排奇门遁甲盘如下。

时间：2010年09月02日21时30分

农历：庚寅年七月廿四日亥时

干支：庚寅　甲申　乙卯　丁亥

旬空：午未　午未　子丑　午未

立秋：2010年08月07日23时57分

处暑：2010年08月23日14时24分

处暑：中元　丁亥时旬首为庚

阴遁四局　值符天芮落七宫　值使死门落八宫

六合 开门　己 天冲　戊	太阴 休门　戊 天辅　壬	螣蛇 生门　壬 天英　庚
白虎 惊门　癸 天任　己	 乙	值符 乙　伤门　庚 禽　天芮　丁
玄武 死门　辛 天蓬　癸	九地 景门　丙 天心　辛	九天 杜门　丁 天柱　丙

四 13 04 22 31	九 18 09 27	二 20 02 11 29
三 12 03 21 30	五 14 05 23 32	七 16 07 25
八 17 08 26	一 10 01 19 28	六 15 06 24 33

（1）寻找用神伤门所临的宫位。值符天芮落七宫。伤门临兑宫。兑宫：天盘乙奇加地盘丁奇，为奇仪相佐，百事可为。天芮星值亥时，有小儿成群，妇人著孝服至为应。后六十日因贼得财，三年后因符水药剂发财。宫克门，凶事不凶，外应利财，有出中奖号码的概率。兑宫对应的号码是071625。

（2）螣蛇临坤宫。坤宫：天盘甲辰壬加地盘甲申庚，为太白擒蛇，刑狱公平，立剖邪正。生门临凶地，凶事难凶，断语不利求财，但坤宫是值使死门落八宫的对冲宫，有出中奖号码的概率。坤宫对应的号码是02112029。

（3）巽宫：天盘甲戌己加地盘甲子戊，为犬遇青龙，门吉为谋望遂意，上人见喜。开门加戊，财名俱得。吉门克宫，凶事不起。天冲星值亥时，有跛足青衣人至、东方人家起火为应。作用后一百日内猫捕鼠，一年内得财，进人家田契。断语利求财，有出中奖号码的概率。巽宫对应的号码是04132231。

我们把坤巽兑宫对应的号码排列：0204071113162022252931 共计十一码。当期双色球中奖号码：041116202229—10。十一个双色球预测号码中出六个红球，可中得二等奖。也许有人会说11 太多，不是一般彩民能承受得了的。那么我们可以结合尾数走势图和奇门盘确定尾数。奇门盘中离宫坎宫门宫对冲，天盘地盘互克，1 尾 9 尾必出。坤宫有中奖号码，05 尾 2 尾必出。巽宫有中奖号码，4 尾必出。杜门临乾宫，宫克门，凶事不起。天盘丁奇加地盘丙奇。6 尾必出。结合中奖号码尾数走势图，确定尾数 012469。再和 11 码对比筛选，符合尾数的号码是0204111620222931 八码。如果将八码去投注就能中出二等奖。何乐而不为?

奇门盘中有 0123456789 十个尾数，双色球红球中奖号码最多六个尾数。我们结合中奖号码尾数走势图和奇门盘，删除四到五个尾数一般不会太难。希望大家举一反三，提高中奖概率。

利用奇门遁甲预测双色球中奖号码，根据历史统计，中奖号码出现在奇门盘中三到六个宫，以四宫五宫较多。在选择宫位时希望读者把握这一点，选择四个宫或五个宫的数码。

用奇门遁甲预测福利彩票3D 的方法和双色球一样，取伤门作用神。第一，确定中奖号码所在的宫位，可以选择一个宫或几个宫。值符值使同宫，其夹角，旁边，有玄武螣蛇临宫，或其对冲宫出中奖号码的概率比较大。第二，在奇门盘中确定一个数码作胆码，二者再结合筛选决定投注号码。下面举例说明之。

【例一】 2010 年 8 月 4 日，福利彩票 3D 开奖日。根据福利彩票

3D 晚上 20:30 分摇奖的时间，排奇门遁甲盘如下。

时间：2010 年 08 月 04 日 20 时 30 分

农历：庚寅年六月廿四日戌时

干支：庚寅　癸未　丙戌　戊戌

旬空：午未　申酉　午未　辰巳

小暑：2010 年 07 月 07 日 14 时 14 分

大暑：2010 年 07 月 23 日 07 时 28 分

大暑：中元　戊戌时旬首为辛

阴遁一局　值符天柱落一宫　值使惊门落三宫

玄武 开门　庚 天任　丁	白虎 休门　丙 天冲　己	六合 生门　丁 天辅　乙
九地 惊门　戊 天蓬　丙	 癸	太阴 伤门　己 天英　辛
九天 死门　壬 天心　庚	值符 景门　辛 天柱　戊	螣蛇 癸　杜门　乙 禽　天芮　壬

福体彩3D组选6九宫图

四 058 067 049 013 157 148 139 256 247 238 346 589 679	九 045 036 027 018 189 135 126 279 234 378 369 468 459 567	二 056 047 038 029 146 137 128 245 236 389 479 578 569
三 057 048 039 012 156 147 138 129 246 237 345 489 579 678	五 068 059 023 014 167 158 149 257 248 239 356 347 689	七 079 034 025 016 178 169 124 268 259 367 358 349 457
八 089 035 026 017 179 134 125 278 269 368 359 467 458	一 046 037 028 019 145 136 127 289 235 379 478 469 568	六 078 069 024 015 168 159 123 267 258 249 357 348 456 789

（1）值符天柱落一宫，其对冲宫离宫。离宫：天盘丙奇加地盘甲戌己，为火悖入刑，吉门得吉。休门加己，暗昧不宁，后吉。天冲星值戌时，西方有三五人来寻物，及师巫人对走为应。作用后六十日鸡鸣上树，远信至、得外人财。断语吉，外应利财，有出中奖号码的概率。离宫对应的号码是 045 036 027 018 189 135 126 279 234 378 369 468 459 567 共计十四注组选六。

（2）值符天柱落一宫。坎宫：天盘甲午辛加地盘甲子戊，困龙被伤，主官司破财。景加休：主文书遗失，争讼不休。景门加戊，因财产词讼，远行吉。断语凶，门宫对冲，物极必反，有出中奖号码的概率。坎宫的后天八卦数1必出。

（3）离宫对应的号码中有1数的是018 189 135 126 四注号码。

当期福利彩票3D中奖号码2010年8月4日中奖号209期801。

4注号码中出组选六018。

【例二】2010年8月5日，福利彩票3D开奖日。根据福利彩票3D晚上20:30分摇奖的时间，排奇门遁甲盘如下。

时间：2010年08月05日20时30分

农历：庚寅年六月廿五日戌时

干支：庚寅　癸未　丁亥　庚戌

旬空：午未　申酉　午未　寅卯

小暑：2010年07月07日14时14分

大暑：2010年07月23日07时28分

大暑：中元　庚戌时旬首为壬

阴遁一局　值符天心落八宫　值使开门落九宫

九地 惊门　庚 天任　丁	玄武 开门　丙 天冲　己	白虎 休门　丁 天辅　乙
九天 死门　戊 天蓬　丙	癸	六合 生门　己 天英　辛
值符 景门　壬 天心　庚	螣蛇 杜门　辛 天柱　戊	太阴 癸　伤门　乙 禽　天芮　壬

福体彩3D排列三组选3（90注）九宫图

四 499 688 877 166 355 544 733 922 022 211 400	九 099 288 477 855 144 522 711 900	二 299 488 677 866 155 344 533 722 911 011 200
三 399 588 966 066 255 633 822 300	五 599 788 977 077 266 455 644 833 122 311 500	七 799 988 088 277 466 655 844 133 322 511 700
八 899 188 377 566 755 944 044 233 422 611 800	一 199 388 577 766 955 055 244 433 622 811 100	六 699 177 366 744 933 033 411 600

（1）值使开门落九宫。玄武临离宫。离宫：天盘丙奇加地盘甲戌己，为火悖入刑，吉门得吉。开加景：主见贵人，因文书事不利。天冲星值戌时，西方有三五人来寻物，及师巫人对走为应。作用后六十日鸡鸣上树，远信至、得外人财。断语外应利财，有出中奖号码的概率。离宫对应的号码是099 288 477 855 144 522 711 900共计八注号码。

（2）值符天心落八宫。艮宫：天盘甲辰壬加地盘甲申庚，为太白擒蛇，刑狱公平，立剖邪正。景加生：主阴人生产大喜，更主求财旺利，行人皆吉。断语吉，求财大利。艮宫的后天八卦数8必出。

(3) 离宫对应的号码中有8数的是288，855二注号码。

当期福利彩票3D中奖号码2010年8月5中奖号210期828。

2注号码中出组选三828。

【例三】2010年8月6日，福利彩票3D开奖日。根据福利彩票3D晚上20:30分摇奖的时间，排奇门遁甲盘如下。

时间：2010年08月06日20时30分

农历：庚寅年六月廿六日戌时

干支：庚寅　癸未　戊子　壬戌

旬空：午未　申酉　午未　子丑

小暑：2010年07月07日14时14分

大暑：2010年07月23日07时28分

大暑：中元　壬戌时旬首为癸

阴遁一局　值符天禽落六宫　值使死门落六宫

白虎 生门　庚 天任　丁	六合 伤门　丙 天冲　己	太阴 杜门　丁 天辅　乙
玄武 休门　戊 天蓬　丙	 癸	螣蛇 景门　己 天英　辛
九地 开门　壬 天心　庚	九天 惊门　辛 天柱　戊	值符 癸　死门　乙 禽　天芮　壬

福体彩3D组选6九宫图

四 058 067 049 013 157 148 139 256 247 238 346 589 679	九 045 036 027 018 189 135 126 279 234 378 369 468 459 567	二 056 047 038 029 146 137 128 245 236 389 479 578 569
三 057 048 039 012 156 147 138 129 246 237 345 489 579 678	五 068 059 023 014 167 158 149 257 248 239 356 347 689	七 079 034 025 016 178 169 124 268 259 367 358 349 457
八 089 035 026 017 179 134 125 278 269 368 359 467 458	一 046 037 028 019 145 136 127 289 235 379 478 469 568	六 078 069 024 015 168 159 123 267 258 249 357 348 456 789

（1）值符天禽落六宫，值使死门落六宫。乾宫：死加开：主见贵人，求印信文书事大利。天禽星值戌时，主东北方有钟鼓声，青衣童子携篮至为应。作用后金十日内白鼠来，得寡妇财物发达。天芮星值戌时，有老人扶杖至，西方雷雨，鬓须人担物来为应。后有白犬自来，六十日拾军马器得横财大发。断语外应利财，有出中奖号码的概率。乾宫对应的号码是078 069 024 015 168 159 123 267

258 249 357 348 456 789 共计十四注。

（2）用神伤门临离宫。离宫：天盘丙奇加地盘甲戌己，为火悖入刑，因人刑杖，文书不行，凶门转凶。伤加景：主文书印信、口舌，动挠啾唧。伤门加己，主财散人病。天冲星值戌时，西方有三五人来寻物，及师巫人对走为应。作用后六十日鸡鸣上树，远信至、得外人财。断语凶，门生宫，吉。伤门越凶越利求财。离宫的后天八卦数 9 必出。

（3）乾宫对应的号码中有 9 数的是 069 159 249 789 四注号码。

当期福利彩票 3D 中奖号码 2010 年 8 月 6 中奖号 211 期 249。

4 注号码中出组选六 249。

【例四】2010 年 8 月 7 日，福利彩票 3D 开奖日。根据福利彩票 3D 晚上 20:30 分摇奖的时间，排奇门遁甲盘如下。

时间：2010 年 08 月 07 日 20 时 30 分

农历：庚寅年六月廿七日戌时

干支：庚寅　甲申　己丑　甲戌

旬空：午未　午未　午未　申酉

小暑：2010 年 07 月 07 日 14 时 14 分

大暑：2010 年 07 月 23 日 07 时 28 分

大暑：下元　甲戌时旬首为己

阴遁四局　值符天冲落三宫　值使伤门落三宫

九天 杜门　戊 天辅　戊	九地 景门　壬 天英　壬	玄武 乙　死门　庚 禽　天芮　庚
值符 伤门　己 天冲　己	乙	白虎 惊门　丁 天柱　丁
螣蛇 生门　癸 天任　癸	太阴 休门　辛 天蓬　辛	六合 开门　丙 天心　丙

福体彩 3D 组选 6 九宫图

四 058 067 049 013 157 148 139 256 247 238 346 589 679	九 045 036 027 018 189 135 126 279 234 378 369 468 459 567	二 056 047 038 029 146 137 128 245 236 389 479 578 569
三 057 048 039 012 156 147 138 129 246 237 345 489 579 678	五 068 059 023 014 167 158 149 257 248 239 356 347 689	七 079 034 025 016 178 169 124 268 259 367 358 349 457
八 089 035 026 017 179 134 125 278 269 368 359 467 458	一 046 037 028 019 145 136 127 289 235 379 478 469 568	六 078 069 024 015 168 159 123 267 258 249 357 348 456 789

（1）值符天冲落三宫，值使伤门落三宫。其对冲宫兑宫。兑宫：天盘丁奇加地盘丁奇，为星奇入太阴，喜事从心，万事如意。有出中奖号码的概率。兑宫对应的号码是 079 034 025 016 178 169 124 268 259 367 358 349 457。兑宫后天八卦数 7 必出。

（2）兑宫对应的号码中有 7 数的是 079 178 367 457 共计四注号码。当期福利彩票 3D 中奖号码 2010 年中奖号 212 期 097。

4 注号码中出组选六 079。

【例五】2010 年 8 月 8 日，福利彩票 3D 开奖日。根据福利彩票 3D 晚上 20∶30 分摇奖的时间，排奇门遁甲盘如下。

时间：2010 年 08 月 08 日 20 时 30 分

农历：庚寅年六月廿八日戌时

干支：庚寅　甲申　庚寅　丙戌

旬空：午未　午未　午未　午未

大暑：2010 年 07 月 23 日 07 时 28 分

立秋：2010 年 08 月 07 日 23 时 57 分

立秋：下元　丙戌时旬首为庚

阴遁八局　值符天心落一宫　值使开门落四宫

玄武 开门　癸 天冲　壬	白虎 休门　壬 天辅　乙	六合 生门　乙 天英　丁
九地 惊门　戊 天任　癸	辛	太阴 辛　伤门　丁 禽　天芮　己
九天 死门　丙 天蓬　戊	值符 景门　庚 天心　丙	螣蛇 杜门　己 天柱　庚

福体彩3D组选6九宫图

四	九	二
058 067 049 013 157 148 139 256 247 238 346 589 679	045 036 027 018 189 135 126 279 234 378 369 468 459 567	056 047 038 029 146 137 128 245 236 389 479 578 569
三	五	七
057 048 039 012 156 147 138 129 246 237 345 489 579 678	068 059 023 014 167 158 149 257 248 239 356 347 689	079 034 025 016 178 169 124 268 259 367 358 349 457
八	一	六
089 035 026 017 179 134 125 278 269 368 359 467 458	046 037 028 019 145 136 127 289 235 379 478 469 568	078 069 024 015 168 159 123 267 258 249 357 348 456 789

（1）值符天心落一宫。其对冲宫离宫。离宫：天盘甲辰壬加地盘乙奇，小蛇得势，女人柔顺，男人通达，禄马光华。休门加乙，求谋重，不得；求轻，可得。六乙到离，名为“玉兔当阳”，吉。休门临离宫，水火既济，有出中奖号码的概率。离宫对应的号码是045 036 027 018 189 135 126 279 234 378 369 468 459 567。

（2）用神伤门临兑宫。兑宫：伤加惊：主亲人疾病忧惧，媒伐不利，凶。伤门加己，主财散人病。天禽星值戌时，主东北方有钟鼓声，青衣童子携篮至为应。作用后金十日内白鼠来，得寡妇财物发达。天芮星值戌时，有老人扶杖至，西方雷雨，鬓须人担物来为应。后有白犬自来，六十日拾军马器得横财大发。宫克门，伤门受制，利求偏财，外应利财。兑宫后天八卦数 7 必出。

离宫对应的号码中有 7 数的是 027 279 378 567 共计四注号码。当期福利彩票 3D 中奖号码 2010 年中奖号 213 期 720。

4 注号码中出组选六 027。

【例六】2010 年 8 月 12 日，福利彩票 3D 开奖日。根据福利彩票 3D 晚上 20:30 分摇奖的时间，排奇门遁甲盘如下。

时间：2010 年 08 月 12 日 20 时 30 分
农历：庚寅年七月初三日戌时
干支：庚寅　甲申　甲午　甲戌
旬空：午未　午未　辰巳　申酉
大暑：2010 年 07 月 23 日 07 时 28 分
立秋：2010 年 08 月 07 日 23 时 57 分

立秋：上元　甲戌时旬首为己
阴遁二局　值符天蓬落一宫　值使休门落一宫

玄武 杜门　丙 天辅　丙	白虎 景门　庚 天英　庚	六合 丁　死门　戊 禽　天芮　戊
九地 伤门　乙 天冲　乙	丁	太阴 惊门　壬 天柱　壬
九天 生门　辛 天任　辛	值符 休门　己 天蓬　己	螣蛇 开门　癸 天心　癸

福体彩3D组选6九宫图

四 058 067 049 013 157 148 139 256 247 238 346 589 679	九 045 036 027 018 189 135 126 279 234 378 369 468 459 567	二 056 047 038 029 146 137 128 245 236 389 479 578 569
三 057 048 039 012 156 147 138 129 246 237 345 489 579 678	五 068 059 023 014 167 158 149 257 248 239 356 347 689	七 079 034 025 016 178 169 124 268 259 367 358 349 457
八 089 035 026 017 179 134 125 278 269 368 359 467 458	一 046 037 028 019 145 136 127 289 235 379 478 469 568	六 078 069 024 015 168 159 123 267 258 249 357 348 456 789

（1）用神伤门临震宫。震宫：天冲星值戌时，西方有三五人来寻物，及师巫人对走为应。作用后六十日鸡鸣上树，远信至、得外人财。六乙到震，名为“日出扶桑”，吉。伤门越旺，越易求偏财。有出中奖号码的概率。震宫对应的号码是057 048 039 012 156 147 138 129 246 237 345 489 579 678。

（2）玄武临巽宫。巽宫：天辅星值戌时，主有三五人来寻物，师巫对行为应。六十日鸡上树鸣，远信至，得妇人财。六丙到巽，名为“火起风行”，以为“神龙助威”，吉。杜门临巽宫，小凶，得丙奇转吉，玄武临之，利求偏财。巽宫的后天八卦数4必出。

震宫对应的号码中有4数的是048 147 246 345 489共计四注号码。

当期福利彩票3D中奖号码2010年中奖号217期642。

4注号码中出组选六246。

【例七】2010年8月14日，福利彩票3D开奖日。根据福利彩票3D晚上20:30分摇奖的时间，排奇门遁甲盘如下。

时间：2010年08月14日20时30分

农历：庚寅年七月初五日戌时

干支：庚寅　甲申　丙申　戊戌

旬空：午未　午未　辰巳　辰巳

大暑：2010年07月23日07时28分

立秋：2010年08月07日23时57分

立秋：上元　戊戌时旬首为辛

阴遁二局　值符天任落二宫　值使生门落四宫

太阴 生门 癸 天心 丙	螣蛇 伤门 己 天蓬 庚	值符 杜门 辛 天任 戊
六合 休门 壬 天柱 乙	丁	九天 景门 乙 天冲 壬
白虎 丁 开门 戊 禽 天芮 辛	玄武 惊门 庚 天英 己	九地 死门 丙 天辅 癸

福体彩3D组选6九宫图

四 058 067 049 013 157 148 139 256 247 238 346 589 679	九 045 036 027 018 189 135 126 279 234 378 369 468 459 567	二 056 047 038 029 146 137 128 245 236 389 479 578 569
三 057 048 039 012 156 147 138 129 246 237 345 489 579 678	五 068 059 023 014 167 158 149 257 248 239 356 347 689	七 079 034 025 016 178 169 124 268 259 367 358 349 457
八 089 035 026 017 179 134 125 278 269 368 359 467 458	一 046 037 028 019 145 136 127 289 235 379 478 469 568	六 078 069 024 015 168 159 123 267 258 249 357 348 456 789

（1）玄武临坎宫。坎宫：天盘甲申庚加地盘甲戌己，为官符刑格，主有官司口舌。惊加休：主求财事或因口舌求财事迟吉。门生宫，吉。玄武临之，利求偏财。有出中奖号码的概率。坎宫对应的号码是046 037 028 019 145 136 127 289 235 379 478 469 568。

（2）值使生门落四宫。巽宫：天盘甲寅癸加地盘丙奇，为华盖悖师，上人见喜。生门加丙，主贵人印绶、婚姻、书信喜事。六丙到巽，名为“火起风行”，以为“神龙助威”，吉。生门加丙奇，利求财。巽宫后天八卦数 4 必出。

坎宫对应的号码中有 4 数的是 046 145 478 469。

当期福利彩票 3D 中奖号码 2010 年中奖号 219 期 748。

4 注号码中出组选六 478。

【例八】2010 年 10 月 15 日，福利彩票 3D 开奖日。根据福利彩票 3D 晚上 20:30 分摇奖的时间，排奇门遁甲盘如下。

时间：2010 年 10 月 15 日 20 时 30 分

农历：庚寅年九月初八日戌时

干支：庚寅　丙戌　戊戌　壬戌

旬空：午未　午未　辰巳　子丑

秋分：2010 年 09 月 23 日 11 时 48 分

寒露：2010 年 10 月 08 日 18 时 05 分

寒露：上元　壬戌时旬首为癸

阴遁六局　值符天蓬落二宫　值使休门落二宫

太阴 惊门　乙 天柱　庚	螣蛇 开门　戊 天心　丁	值符 休门　癸 天蓬　壬
六合 己　死门　壬 禽　天芮　辛	 己	九天 生门　丙 天任　乙
白虎 景门　丁 天英　丙	玄武 杜门　庚 天辅　癸	九地 伤门　辛 天冲　戊

福体彩3D排列三组选3（90注）九宫图

四 499 688 877 166 355 544 733 922 022 211 400	九 099 288 477 855 144 522 711 900	二 299 488 677 866 155 344 533 722 911 011 200
三 399 588 966 066 255 633 822 300	五 599 788 977 077 266 455 644 833 122 311 500	七 799 988 088 277 466 655 844 133 322 511 700
八 899 188 377 566 755 944 044 233 422 611 800	一 199 388 577 766 955 055 244 433 622 811 100	六 699 177 366 744 933 033 411 600

（1）值符天蓬落二宫，值使休门落二宫。坤宫：天蓬星值戌时，主老人拄拐扙至，鬓须人担箩筐至，西方雨至为应。作用后有白犬自来，八十日搭车器得横财发大富。外应利财，值符值使同落之宫，有出中奖号码的概率。坤宫对应的号码是299 488 677 866 155 344 533 722 911 011 200。

（2）玄武临坎宫，利求偏财。坎宫：杜加休：主求财有益。天辅星值戌时，主有三五人来寻物，师巫对行为应。六十日鸡上树鸣，远信至，得妇人财，小儿被牛伤，一年内验之。断语外应利财，坎宫后天八卦数1必出。

坤宫对应的号码中有1数的是155 911 011。

当期福利彩票3D中奖号码2010年中奖号281期551。

3注号码中出组选三155。

【例九】2010年10月16日，福利彩票3D开奖日。根据福利彩票3D晚上20:30分摇奖的时间，排奇门遁甲盘如下。

时间：2010年10月16日20时30分

农历：庚寅年九月初九日戌时

干支：庚寅　丙戌　己亥　甲戌

旬空：午未　午未　辰巳　申酉

秋分：2010年09月23日11时48分

寒露：2010年10月08日18时05分

寒露：中元　甲戌时旬首为己

阴遁九局　值符天任落八宫　值使生门落八宫

九地 杜门　癸 天辅　癸	玄武 景门　戊 天英　戊	白虎 壬　死门　丙 禽　天芮　丙
九天 伤门　丁 天冲　丁	壬	六合 惊门　庚 天柱　庚
值符 生门　己 天任　己	螣蛇 休门　乙 天蓬　乙	太阴 开门　辛 天心　辛

福体彩3D排列三组选3（90注）九宫图

四 499 688 877 166 355 544 733 922 022 211 400	九 099 288 477 855 144 522 711 900	二 299 488 677 866 155 344 533 722 911 011 200
三 399 588 966 066 255 633 822 300	五 599 788 977 077 266 455 644 833 122 311 500	七 799 988 088 277 466 655 844 133 322 511 700
八 899 188 377 566 755 944 044 233 422 611 800	一 199 388 577 766 955 055 244 433 622 811 100	六 699 177 366 744 933 033 411 600

（1）玄武临离宫，利求偏财。有出中奖号码的概率。离宫对应的号码是099 288 477 855 144 522 711 900。

（2）螣蛇临坎宫。坎宫：休加休：求财、进人口、谒贵吉。休门加乙，求谋重，不得；求轻，可得。天蓬星值戌时，主老人拄拐杖至，鬓须人担箩筐至，西方雨至为应。作用后有白犬自来，八十日搭车器得横财发大富。六乙到坎，名为“玉兔投泉”，吉。断语外应利财，坎宫后天八卦数1必出。

坤宫对应的号码中有 1 数的是 144 711。

当期福利彩票 3D 中奖号码 2010 年中奖号 282 期 144。

2 注号码中出组选三 144。

【例十】 2010 年 11 月 12 日，福利彩票 3D 开奖日。根据福利彩票 3D 晚上 20:30 分摇奖的时间，排奇门遁甲盘如下。

时间：2010 年 11 月 12 日 20 时 30 分

农历：庚寅年十月初七日戌时

干支：庚寅　丁亥　丙寅　戊戌

旬空：午未　午未　戌亥　辰巳

霜降：2010 年 10 月 23 日 20 时 54 分

立冬：2010 年 11 月 07 日 21 时 01 分

立冬：上元　戊戌时旬首为辛

阴遁六局　值符天冲落六宫　值使伤门落八宫

白虎 景门　乙 天柱　庚	六合 死门　戊 天心　丁	太阴 惊门　癸 天蓬　壬
玄武 己　杜门　壬 禽　天芮　辛	己	螣蛇 开门　丙 天任　乙
九地 伤门　丁 天英　丙	九天 生门　庚 天辅　癸	值符 休门　辛 天冲　戊

福体彩 3D 排列三组选 3（90 注）九宫图

四 499 688 877 166 355 544 733 922 022 211 400	九 099 288 477 855 144 522 711 900	二 299 488 677 866 155 344 533 722 911 011 200
三 399 588 966 066 255 633 822 300	五 599 788 977 077 266 455 644 833 122 311 500	七 799 988 088 277 466 655 844 133 322 511 700
八 899 188 377 566 755 944 044 233 422 611 800	一 199 388 577 766 955 055 244 433 622 811 100	六 699 177 366 744 933 033 411 600

（1）值使伤门落八宫。用神伤门临艮宫。艮宫：天盘丁奇加地盘丙奇，为星随月转，贵人越级高升。六丙到艮，名为“凤入丹山”，吉。伤门利求偏财，有出中奖号码的概率。艮宫对应的号码是 899 188 377 566 755 944 044 233 422 611 800。

（2）玄武临震宫。天禽星值戌时，主东北方有钟鼓声，青衣童子携篮至为应。作用后金十日内白鼠来，得寡妇财物发达。天芮星值戌时，有老人扶杖至，西方雷雨，鬓须人担物来为应。后有白犬自来，六十日拾军马器得横财大发。外应利财，玄武临之，震宫后天八卦数3必出。

艮宫对应的号码中有3数的是377，233。

当期福利彩票3D中奖号码2010年中奖号309期377。

2注号码中出组选三377。

第四章　奇门遁甲预测彩票中奖号码案例分析

第一节　双色球中奖号码案例分析

【例一】2008年11月30日，星期日，双色球第141期开奖日。根据双色球晚上20:30分摇奖的时间，排奇门遁甲盘如下。

时间：2008年11月30日20时30分

农历：戊子年十一月初三日戌时

干支：戊子　癸亥　甲戌　甲戌

旬空：午未　子丑　申酉　申酉

立冬：2008年11月07日09时21分

小雪：2008年11月22日06时38分

小雪：下元　甲戌时旬首为己

阴遁二局　值符天蓬落一宫　值使休门落一宫

玄武 杜门　丙 天辅　丙	白虎 景门　庚 天英　庚	六合 丁　死门　戊 禽　天芮　戊
九地 伤门　乙 天冲　乙	丁	太阴 惊门　壬 天柱　壬
九天 生门　辛 天任　辛	值符 休门　己 天蓬　己	螣蛇 开门　癸 天心　癸

四 **13 04 22 31**	**九** **18 09 27**	**二** **20 02 11 29**
三 **12 03 21 30**	**五** **14 05 23 32**	**七** **16 07 25**
八 **17 08 26**	**一** **10 01 19 28**	**六** **15 06 24 33**

（1）用神伤门临震宫。震宫：天冲星值戌时，西方有三五人来寻物，及师巫人对走为应。作用后六十日鸡鸣上树，远信至、得外人财。六乙到震，名为“日出扶桑”，吉。伤门越旺，越易求偏财。有出中奖号码的概率。震宫对应的号码03122130。

（2）玄武临巽宫。巽宫：天辅星值戌时，主有三五人来寻物，师巫对行为应。六十日鸡上树鸣，远信至，得妇人财。六丙到巽，名为“火起风行”，以为“神龙助威”，吉。玄武临，易得偏财。有出中奖号码的概率。巽宫对应的号码04132231。

（3）用神伤门的对冲宫兑宫，有出中奖号码的概率。兑宫对应的号码071625。

（4）螣蛇临乾宫。乾宫：开加开：主贵人宝物财喜。开门经商求财大吉。有出中奖号码的概率。乾宫对应的号码06152433。

（5）坤宫：天盘丁奇加地盘甲子戊，为青龙转光，官人升迁。天禽星值戌时，主东北方有钟鼓声，青衣童子携篮至为应。作用后金十日内白鼠来，得寡妇财物发达。天芮星值戌时，有老人扶杖至，西方雷雨，鬓须人担物来为应。后有白犬自来，六十日拾军马器得横财大发。死门加坤，不利求财，但有外应，物极必反，有出中奖号码的概率。坤宫对应的号码02112029。

我们把坤震巽兑乾宫对应的号码进行排列：0203040607111213151620212224252930313３ 共计十九码。当期双色球中奖号码：03132025293３—15。十九个双色球预测号码中出六个红球，一个蓝球，可中得一等奖。也许有人会说19码太多，不是一般彩民能承受得了的。那么我们可以结合尾数走势图和奇门盘确定尾数。伤门临震宫，3尾必出。离宫是值符天蓬落一宫，值使休门落一宫的对冲宫，9 尾必出。中宫寄坤宫，坤宫有码，中宫 05 尾必出。结合中奖号码尾数走势图，确定尾数 0359。再和 19 码对比筛选，符合尾数的号码是 0313152025293033 八码。如果将八码去投注就能中出一等奖。何乐而不为？

【例二】2008 年 12 月 4 日，星期四，双色球第 143 期开奖日。根据双色球晚上 20:30 分摇奖的时间，排奇门遁甲盘如下。

时间：2008 年 12 月 04 日 20 时 30 分

农历：戊子年十一月初七日戌时

干支：戊子　癸亥　戊寅　壬戌

旬空：午未　子丑　申酉　子丑

立冬：2008 年 11 月 07 日 09 时 21 分

小雪：2008 年 11 月 22 日 06 时 38 分

小雪：下元　　壬戌时旬首为癸

阴遁二局　值符天心落七宫　值使开门落七宫

六合 景门　庚 天英　丙	太阴 丁　死门　戊 禽　天芮　庚	螣蛇 惊门　壬 天柱　戊
白虎 杜门　丙 天辅　乙	丁	值符 开门　癸 天心　壬
玄武 伤门　乙 天冲　辛	九地 生门　辛 天任　己	九天 休门　己 天蓬　癸

四 **13 04 22 31**	**九** **18 09 27**	**二** **20 02 11 29**
三 **12 03 21 30**	**五** **14 05 23 32**	**七** **16 07 25**
八 **17 08 26**	**一** **10 01 19 28**	**六** **15 06 24 33**

（1）用神伤门临艮宫。玄武临艮宫。伤门居东北方，木旺。伤门越旺越易求偏财。艮宫：天冲星值戌时，西方有三五人来寻物，及师巫人对走为应。作用后六十日鸡鸣上树，远信至、得外人财。外应利财，有出中奖号码的概率。艮宫对应的号码081726。

（2）值符天心落七宫，值使开门落七宫。其对冲宫震宫在考虑的范围。震宫：天盘丙奇加地盘乙奇，日月并行，公谋私为皆吉。杜门加乙，宜暗求男人财物。天辅星值戌时，主有三五人来寻物，师巫对行为应。六十日鸡上树鸣，远信至，得妇人财。六乙到震，名为“日出扶桑”，吉。断语吉，外应利财，有出中奖号码的概率。震宫对应的号码03122130。

（3）坎宫：生加休：主阴人处求望财利吉。生门加己，主得贵人维持，吉。生门到坎宫经商求财大利，有出中奖号码的概率。坎宫对应的号码01101928。

（4）离宫：死加景：主因文契印信财产事见官，选怒后喜。天禽星值戌时，主东北方有钟鼓声，青衣童子携篮至为应。作用后金十日内白鼠来，得寡妇财物发达。天芮星值戌时，有老人扶杖至，西方雷雨，鬓须人担物来为应。后有白犬自来，六十日拾军马器得横财大发。宫生门，死门凶极必反。外应利财。有出中奖号码的概率。离宫对应的号码091827。

我们把坎震离艮宫对应的号码进行排列：0103080910121718192126272830共计十四码。当期双色球中奖号码：121718192627—06。十四个双色球预测号码中出六个红球，可中得二等奖。也许有人会说14码太多，不是一般彩民能承受得了的。那么我们可以结合尾数走势图和奇门盘确定尾数。伤门玄武临艮宫，8 尾必出。值符天心落七宫，值使开门落七宫。兑宫 7 尾必出。离宫有出号码，9 尾必出。螣蛇临坤宫，2 尾必出。休门临乾宫，休加开：主开张店肆及见贵、求财、喜庆事，大吉。天蓬星值戌时，主老人拄拐杖至，鬓须人担箩筐至，西方雨至为应。作用后有白犬自来，八十日搭车器得横财发大富。6 尾必出。结合中奖号码尾数走势图，确定尾数 26789。再和 14 码对比筛选，符合尾数的号码是 080912171819262728 九码。如果将九码去投注就能中出二等奖。何乐而不为?

【例三】 2009 年 1 月 11 日，星期日，双色球第 5 期开奖日。根据双色球晚上 20∶30 分摇奖的时间，排奇门遁甲盘如下。

时间：2009 年 01 月 11 日 20 时 30 分

农历：戊子年十二月十六日戌时

干支：戊子 乙丑　丙辰　戊戌

旬空：午未　戌亥　子丑　辰巳

冬至：2008 年 12 月 21 日 19 时 51 分

小寒：2009 年 01 月 05 日 13 时 10 分

小寒：中元　戊戌时旬首为辛

阳遁八局　值符天芮落八宫　值使死门落六宫

太阴 生门　丙 天心　癸	六合 伤门　庚 天蓬　己	白虎 杜门　戊 天任　辛
螣蛇 休门　乙 天柱　壬	 丁	玄武 景门　壬 天冲　乙
值符 丁　开门　辛 禽　天芮　戊	九天 惊门　己 天英　庚	九地 死门　癸 天辅　丙

四 **13 04 22 31**	**九** **18 09 27**	**二** **20 02 11 29**
三 **12 03 21 30**	**五** **14 05 23 32**	**七** **16 07 25**
八 **17 08 26**	**一** **10 01 19 28**	**六** **15 06 24 33**

（1）值符天芮落八宫。艮宫：天盘丁奇加地盘甲子戊，为青龙转光，官人升迁。开加生：主见贵人，谋望所求遂意。开门加戊，财名俱得。天芮星值戌时，有老人扶杖至，西方雷雨，鬓须人担物来为应。后有白犬自来，六十日拾军马器得横财大发。开门临艮宫，宫生门，大吉。经商求财自发，外应利财。有出中奖号码的概率。艮宫对应的号码 081726。

（2）螣蛇临震宫。门生宫，吉。休加伤：主上官、吉庆。震宫，用神伤门之居所，越旺越易求偏财。有出中奖号码的概率。震宫对应的号码 03122130。

（3）值使死门落六宫。乾宫：天盘甲寅癸加地盘丙奇，上人见喜。死加开：主见贵人，求印信文书事大利。天辅星值戌时，主有三五人来寻物，师巫对行为应。六十日鸡上树鸣，远信至，得妇人财。门宫相生，吉，外应利财。有出中奖号码的概率。乾宫对应的号码 06152433。

（4）用神伤门的对冲宫坎宫，在考虑范围之内。坎宫：惊加休：主求财事或因口舌求财事迟吉。门生宫，吉。有出中奖号码的概率。坎宫对应的号码 01101928。

我们把坎震艮乾宫对应的号码进行排列：010306081012151719212426283033 共计十五码。当期双色球中奖号码：010308151721—13。十五个双色球预测号码中出六个红球，可中得二等奖。也许有人会说 15 码太多，不是一般彩民能承受得了的。那么我们可以结合中奖号码尾数走势图和奇门盘确定尾数。艮宫有码，8 尾必出。坎宫有码，1 尾必出。震宫有码，3 尾必出。玄武临兑宫，7 尾必出。中五宫寄坤宫，杜门入墓，凶，物极必反。

结合中奖号码尾数走势图，5尾必出。结合中奖号码尾数走势图，确定尾数13578。再和15码对比筛选，符合尾数的号码是0103081517212833八码。如果将八码去投注就能中出二等奖。何乐而不为？

【例四】 2009年1月13日，星期日，双色球第6期开奖日。根据双色球晚上20:30分摇奖的时间，排奇门遁甲盘如下。

时间：2009年01月13日20时30分

农历：戊子年十二月十八日戌时

干支：戊子 乙丑　戊午　壬戌

旬空：午未　戌亥　子丑　子丑

冬至：2008年12月21日19时51分

小寒：2009年01月05日13时10分

小寒：中元　壬戌时旬首为癸

阳遁八局　值符天辅落三宫　值使杜门落三宫

螣蛇 景门 己 天英 癸	太阴 丁 死门 辛 禽 天芮 己	六合 惊门 乙 天柱 辛
值符 杜门 癸 天辅 壬	 丁	白虎 开门 丙 天心 乙
九天 伤门 壬 天冲 戊	九地 生门 戊 天任 庚	玄武 休门 庚 天蓬 丙

四 **13 04 22 31**	**九** **18 09 27**	**二** **20 02 11 29**
三 **12 03 21 30**	**五** **14 05 23 32**	**七** **16 07 25**
八 **17 08 26**	**一** **10 01 19 28**	**六** **15 06 24 33**

（1）用神伤门临艮宫。艮宫：天盘甲辰壬加地盘甲子戊，小蛇化龙，男人发达，女人产婴童。天冲星值戌时，西方有三五人来寻物，及师巫人对走为应。作用后六十日鸡鸣上树，远信至、得外人财。伤门临宫旺，越旺越易求偏财。有出中奖号码的概率。艮宫对应的号码081726。

（2）值符天辅落三宫，值使杜门落三宫。震宫：天辅星值戌时，主有三五人来寻物，师巫对行为应。六十日鸡上树鸣，远信至，得妇人财。门宫比和，吉 。外应利财。有出中奖号码的概率。震宫对应的号码03122130。

（3）玄武临乾宫。乾宫：天盘甲申庚加地盘丙奇，为太白入荧，贼定要来，为客进利，为主破财。利客不利主。休加开：主开张店肆及见贵、求财、喜庆事，大吉。休门加丙，文书和合喜庆。天蓬星值戌时，主老人拄拐扙至，鬓须人担箩筐至，西方雨至为应。作用后有白犬自来，八十日搭车器得横财发大富。乾宫生休门，吉。断语吉，外应利财。有出中奖号码的概率。乾宫对应的号码06152433。

（4）离宫是和用神伤门临艮宫，玄武临乾宫形成等边三角形一个点位。离宫：天盘丁奇加地盘甲戌己，为火入勾陈，奸私仇冤，事因女人。离宫火生死门土，凶极必反。天禽星值戌时，主东北方有钟鼓声，青衣童子携篮至为应。作用后金十日内白鼠来，得寡妇财物发达。天芮星值戌时，有老人扶杖至，西方雷雨，鬓须人担物来为应。后有白犬自来，六十日拾军马器得横财大发。外应利财，有出中奖号码的概率。离宫对应的号码091827。

（5）用神伤门临艮宫的对冲宫坤宫在考虑的范围内。坤宫：天盘乙奇加地盘甲午辛，为青龙逃走，人亡财破，奴仆拐带，六畜皆伤。惊加死：主因宅中怪异而生是非，凶。惊门加辛，主女人成讼，凶。天柱星值戌时，主有女人抱白布物至，西北方有鼓声为应。作用后东北方树打人喊叫，后六十日蛇蝎伤人，瘟疫死，大败，凶。断语凶极之宫，宫生门，忧虑重重，但物极必反，有出中奖号码的概率。坤宫对应的号码02112029。

我们把震艮乾离坤宫对应的号码进行排列：020306080911121517182021242627293033共计十八码。当期双色球中奖号码：061218202633—02。十八个双色球预测号码中出六个红球，一个蓝球，可中得一等奖。也许有人会说18码太多，不是一般彩民能承受得了的。那么我们可以结合中奖号码尾数走势图和奇门盘确定尾数。乾宫有码，6尾必出。艮宫有码，8尾必出。震宫有码，3尾必出。坤宫有码，2尾必出。中宫寄坤宫，05尾在考虑的范围之内。结合中奖号码尾数走势图，确定尾数02368。再和18码对比筛选，符合尾数的号码是02030608121820263033十码。如果将十码去投注就能中出一等奖。何乐而不为？

【例五】2009年1月22日，星期四，双色球第10期开奖日。根据双色球晚上20:30分摇奖的时间，排奇门遁甲盘如下。

时间：2009年01月22日20时30分

农历：戊子年十二月廿七日戌时

干支：戊子　乙丑　丁卯　庚戌

旬空：午未　戌亥　戌亥　寅卯

小寒：2009年01月05日13时10分

大寒：2009 年 01 月 20 日 06 时 29 分

大寒：上元　庚戌时旬首为壬

阳遁三局　值符天柱落五宫　值使惊门落四宫

九地 惊门　丁 天英　己	九天 庚　开门　乙 禽　天芮　丁	值符 休门　壬 天柱　乙
玄武 死门　己 天辅　戊	庚	螣蛇 生门　辛 天心　壬
白虎 景门　戊 天冲　癸	六合 杜门　癸 天任　丙	太阴 伤门　丙 天蓬　辛

四 13 04 22 31	九 18 09 27	二 20 02 11 29
三 12 03 21 30	五 14 05 23 32	七 16 07 25
八 17 08 26	一 10 01 19 28	六 15 06 24 33

（1）用神伤门临乾宫。乾宫：天盘丙奇加地盘甲午辛，丙辛相合，谋事能成。天蓬星值戌时，主老人拄拐杖至，鬓须人担箩筐至，西方雨至为应。作用后有白犬自来，八十日搭车器得横财发大富。乾宫克伤门，凶事不成。外应利财，有出中奖号码的概率。乾宫对应的号码06152433。

（2）值符天柱落五宫。五宫寄坤宫。坤宫：天盘甲辰壬加地盘乙奇，小蛇得势，禄马光华。休门加乙，求谋重，不得；求轻，可得。六乙到坤，名为“玉兔入坤中”，吉。坤宫有出中奖号码的概率。坤宫对应的号码02112029。

（3）玄武临震宫。震宫：天盘甲戌己加地盘甲子戊，为犬遇青龙，门凶为枉费心机。天辅星值戌时，主有三五人来寻物，师巫对行为应。六十日鸡上树鸣，远信至，得妇人财。宫克门，凶事不凶。玄武利偏财。外应有财，有出有出中奖号码的概率。震宫对应的号码04132231。

（4）值符天柱落五宫寄坤宫，其对冲宫艮宫在考虑范围之内。艮宫：天盘甲子戊加地盘甲寅癸，为青龙华盖，有戊癸相合，故逢吉门为吉，可招福临门。景加生：主阴人生产大喜，更主求财旺利，行人皆吉。天冲星值戌时，西方有三五人来寻物，及师巫人对走为应。作用后六十日鸡鸣上树，远信至、得外人财。门生宫，吉。外应利财，有出有出中奖号码的概率。艮宫对应的号码081726。

（5）坎宫：天盘甲寅癸加地盘丙奇，为华盖悖师，上人见喜。杜加休：主求财有益。六丙到坎，名为“丙火烧壬”，吉，主胜。断语吉，宫生门吉。

有出中奖号码的概率。坎宫对应的号码01101928。

我们把坎震艮坤乾宫对应的号码进行排列：0102030608101112151719202124262829303 3共计十九码。当期双色球中奖号码：031017192024—02。十九个双色球预测号码中出六个红球，一个蓝球，可中得一等奖。也许有人会说19码太多，不是一般彩民能承受得了的。那么我们可以结合中奖号码尾数走势图和奇门盘确定尾数。值符天柱落五宫寄坤宫有码，025可出。震宫有码，3尾必出。值使惊门落四宫，巽宫后天八卦数4必出。螣蛇临兑宫。生加惊：主尊长财产、词讼，病迟愈，吉。生门加壬，主遗失财后得，贼盗易获。门生宫吉，生门利求财。兑宫后天八卦数7必出。离宫：天盘甲申庚加地盘丁奇，为亭亭之格，门吉有救。天盘乙奇加地盘丁奇，为奇仪相佐，百事可为。开加景：主见贵人。天禽星值戌时，主东北方有钟鼓声，青衣童子携篮至为应。作用后金十日内白鼠来，得寡妇财物发达。天芮星值戌时，有老人扶杖至，西方雷雨，鬓须人担物来为应。后有白犬自来，六十日拾军马器得横财大发。六丁到离，名为“乘龙万里”，吉。开门到离，吉。外应利财。离宫后天八卦数 9 必出。结合中奖号码尾数走势图，确定尾数 03479。再和 19 码对比筛选，符合尾数的号码是 0203101217192024293033 十一码。如果将十一码去投注就能中出一等奖。何乐而不为？

【例六】2009 年 2 月 5 日，星期四，双色球第 13 期开奖日。根据双色球晚上 20:30 分摇奖的时间，排奇门遁甲盘如下。

时间：2009 年 02 月 05 日 20 时 30 分

农历：己丑年正月十一日戌时

干支：己丑　丙寅　辛巳　戊戌

旬空：午未　戌亥　申酉　辰巳

大寒：2009 年 01 月 20 日 06 时 29 分

立春：2009 年 02 月 04 日 00 时 52 分

立春：上元　戊戌时旬首为辛

阳遁八局　值符天芮落八宫　值使死门落六宫

太阴 生门　丙 天心　癸	六合 伤门　庚 天蓬　己	白虎 杜门　戊 天任　辛
螣蛇 休门　乙 天柱　壬	丁	玄武 景门　壬 天冲　乙
值符 丁　开门　辛 禽　天芮　戊	九天 惊门　己 天英　庚	九地 死门　癸 天辅　丙

四 **13 04 22 31**	**九** **18 09 27**	**二** **20 02 11 29**
三 **12 03 21 30**	**五** **14 05 23 32**	**七** **16 07 25**
八 **17 08 26**	**一** **10 01 19 28**	**六** **15 06 24 33**

（1）用神伤门临离宫。离宫：天蓬星值戌时，主老人拄拐杖至，鬓须人担箩筐至，西方雨至为应。作用后有白犬自来，八十日搭车器得横财发大富。外应利财，门生宫，吉。有出有出中奖号码的概率。离宫对应的号码091827。

（2）值符天芮落八宫。艮宫：天盘丁奇加地盘甲子戊，为青龙转光，官人升迁，常人威昌。开加生：主见贵人，谋望所求遂意。开门加戊，财名俱得。天禽星值戌时，主东北方有钟鼓声，青衣童子携篮至为应。作用后金十日内白鼠来，得寡妇财物发达。天芮星值戌时，有老人扶杖至，西方雷雨，鬓须人担物来为应。后有白犬自来，六十日拾军马器得横财大发。开门大吉，外应利财。有出有出中奖号码的概率。艮宫对应的号码081726

（3）螣蛇临震宫。门生宫，休加伤：主上官、吉庆。伤门越旺越易出中奖号。震宫对应的号码03122130。

（4）值使死门落六宫的对冲宫巽宫在考虑的范围。生门大吉之门，生加杜，凶事不凶。有出有出中奖号码的概率。巽宫对应的号码04132231。

我们把震巽艮离宫对应的号码进行排列：0304080912131718212226273031共计十四码。当期双色球中奖号码：040809212627—09。十四个双色球预测号码中出六个红球，一个蓝球，可中得一等奖。也许有人会说14码太多，不是一般彩民能承受得了的。那么我们可以结合中奖号码尾数走势图和奇门盘确定尾数。艮宫有码，8尾必出。离宫有码，9尾必出。巽宫有码，4尾必出。值使死门落六宫。死加开：主见贵人，求印信文书事大利。乾宫后天八卦数6尾必出。玄武临兑宫。兑宫：天盘甲辰壬加地盘乙奇，小蛇得势，禄马光华。天冲星值戌时，西方有三五人来寻物，及师巫人对走为应。作用后六十日鸡鸣上树，远信至、得外人财。断语吉，玄武利偏财。兑宫后天八卦数 7 尾必出。用神伤门临离宫的对冲宫离坎宫在考虑范围之内。门生宫，惊加休：主求财事或因口舌求财事迟吉。坎宫后天八卦数 1 尾必出。结合中奖号码尾数走势图，确定尾数 146789。再和 14 码对比筛选，符合尾数的号码是 040809171821262731 九码。如果将九码去投注就能中出一等奖。何乐而不为?

【例七】2009 年 2 月 8 日，星期日，双色球第 14 期开奖日。根据双色球晚上 20:30 分摇奖的时间，排奇门遁甲盘如下。

时间：2009 年 02 月 08 日 20 时 30 分

农历：己丑年正月十四日戌时

干支：己丑　丙寅　甲申　甲戌

旬空：午未　戌亥　午未　申酉

大寒：2009 年 01 月 20 日 06 时 29 分

立春：2009 年 02 月 04 日 00 时 52 分

立春：中元　甲戌时旬首为己

阳遁五局　值符天心落六宫　值使开门落六宫

白虎 杜门　乙 天辅　乙	玄武 景门　壬 天英　壬	九地 戊　死门　丁 禽　天芮　丁
六合 伤门　丙 天冲　丙	戊	九天 惊门　庚 天柱　庚
太阴 生门　辛 天任　辛	螣蛇 休门　癸 天蓬　癸	值符 开门　己 天心　己

四 **13 04 22 31**	**九** **18 09 27**	**二** **20 02 11 29**
三 **12 03 21 30**	**五** **14 05 23 32**	**七** **16 07 25**
八 **17 08 26**	**一** **10 01 19 28**	**六** **15 06 24 33**

(1) 用神伤门临震宫。六丙到震，名为［月入雷门］，吉。天冲星值戌时，西方有三五人来寻物，及师巫人对走为应。作用后六十日鸡鸣上树，远信至、得外人财。伤门越旺越易求偏财。外应利财，有出有出中奖号码的概率。震宫对应的号码03122130。

(2) 值符天心落六宫，值使开门落六宫。乾宫：开加开：主贵人宝物财喜。开门在乾宫，经商求财大吉大利。值符值使落之，有出有出中奖号码的概率。乾宫对应的号码06152433。

(3) 玄武临离宫，偏财易求，有出有出中奖号码的概率。离宫对应的号码091827。

(4) 中宫寄坤宫。坤宫：天盘甲子戊加地盘丁奇，为青龙耀明，宜见上级领导、贵人、求功名，为事吉利。天盘丁奇加地盘丁奇，为星奇入太阴，文书证件即至，喜事从心，万事如意。天禽星值戌时，主东北方有钟鼓声，青衣童子携篮至为应。作用后金十日内白鼠来，得寡妇财物发达。天芮星值戌时，有老人扶杖至，西方雷雨，鬓须人担物来为应。后有白犬自来，六十日拾军马器得横财大发。六丁到坤，名为“玉女游地户”，吉。死门虽凶，天地盘见丁奇，凶中有吉，外应利财，有出有出中奖号码的概率。中宫对应的号码05142332。

我们把震乾离中宫对应的号码进行排列：030506091214151821232427303233共计十五码。当期双色球中奖号码：030609141518—02。十五个双色球预测号码中出六个红球，可中得二等奖。也许有人会说15码太多，不是一般彩民能承受得了的。那么我们可以结合中奖号码尾数走势图和奇门盘确定尾数。震宫有码，3尾必出。乾宫有码，6尾必出。中宫有码，5尾必出。离宫有码，9尾必出。值符天心落六宫，值使开门落六宫的对冲宫巽在考虑的范围之内。六乙到巽，名为“玉兔乘风”，吉。巽宫的后天八卦数4尾必山出。艮宫：生加生：主远得，求财吉。艮宫的后天八卦数8尾必山出。结合中奖号码尾数走势图，确定尾数345689。再和15码对比筛选，符合尾数的号码是03050609141518232433十码。如果将十码去投注就能中出二等奖。何乐而不为？

【例八】2009年2月24日，星期二，双色球第21期开奖日。根据双色球晚上20:30分摇奖的时间，排奇门遁甲盘如下。

时间：2009年02月24日20时30分

农历：己丑年正月三十日戌时

干支：己丑　丙寅　庚子　丙戌

旬空：午未　戌亥　辰巳　午未

立春：2009年02月04日00时52分

雨水：2009年02月18日20时46分

雨水：中元　　丙戌时旬首为庚

阳遁六局　值符天任落四宫　值使生门落一宫

值符 景门　庚 天任　丙	螣蛇 死门　丁 天冲　辛	太阴 惊门　丙 天辅　癸
九天 杜门　壬 天蓬　丁	乙	六合 开门　辛 天英　己
九地 伤门　戊 天心　庚	玄武 生门　己 天柱　壬	白虎 乙　休门　癸 禽　天芮　戊

四 **13 04 22 31**	**九** **18 09 27**	**二** **20 02 11 29**
三 **12 03 21 30**	**五** **14 05 23 32**	**七** **16 07 25**
八 **17 08 26**	**一** **10 01 19 28**	**六** **15 06 24 33**

（1）用神伤门临艮宫。伤门处旺，越旺越出偏财。有出中奖号码的概率。艮宫对应的号码081726。

（2）值使生门落一宫，玄武临宫。生加休：主阴人处求望财利吉。生门加壬，主遗失财后得，贼盗易获。生门到坎宫，大吉大利。有出中奖号码的概率。坎宫对应的号码01101928。

（3）值符天任落四宫。巽宫：天盘甲申庚加地盘丙奇，为太白入荧，贼定要来，为客进利，为主破财。六丙到巽，名为“火起风行”，以为“神龙助威”，吉。宫生门，木火相生，吉。有出中奖号码的概率。巽宫对应的号码04132231。

（4）值符天任落四宫的对冲宫乾宫在考虑范围之内。乾宫：天盘乙奇加地盘甲子戊，门吉尚可谋为。天盘甲寅癸加地盘甲子戊，为天乙会合，吉门宜求财，婚姻喜美，吉人赞助成合。休加开：主开张店肆及见贵、求财、喜庆事，大吉。休门加戊，财物和合。天禽星值戊时，主东北方有钟鼓声，青衣童子携篮至为应。作用后金十日内白鼠来，得寡妇财物发达。天芮星值戊时，有老人扶杖至，西方雷雨，鬓须人担物来为应。后有白犬自来，六十日拾军马器得横财大发。休门到乾宫，宫生门大吉。外应利财，有出中奖号码的概率。乾宫对应的号码06152433。

（5）值使生门落一宫的对冲宫离宫在考虑范围之内。离宫：天冲星值戊时，西方有三五人来寻物，及师巫人对走为应。作用后六十日鸡鸣上树，远信至、得外人财。死门入离大凶，物极必反，外应利财，有出中奖号码的概率。离宫对应的号码091827。

（6）用神伤门临艮宫的对冲宫坤宫在考虑范围之内。中宫寄坤宫，中宫有出中奖号码的概率。中宫对应的号码05142332。

我们把坎巽中乾艮离宫对应的号码进行排列：01040506080910131415171819222324262728313233 共计二十二码。当期双色球中奖号码：010405172427—09。二十二个双色球预测号码中出六个红球，一个蓝球，可中得一等奖。也许有人会说22码太多，不是一般彩民能承受得了的。那么我们可以结合中奖号码尾数走势图和奇门盘确定尾数。坎宫有码，1尾必出。巽宫有码，4尾必出。中宫有码，5尾必出。离宫有码，9尾必出。开门临兑宫，旺。门宫比和，吉。兑宫后天八卦数7尾必出。结合中奖号码尾数走势图，确定尾数14579。再和22码对比筛选，符合尾数的号码是0104050914151719242731 十一码。如果将十一码去投注就能中出一等奖。何乐而不为？

【例九】2009年3月1日，星期日，双色球第23期开奖日。根据双色球晚上20:30分摇奖的时间，排奇门遁甲盘如下。

时间：2009年03月01日20时30分

农历：己丑年二月初五日戌时

干支：己丑　丙寅　乙巳　丙戌

旬空：午未　戌亥　寅卯　午未

立春：2009年02月04日00时52分

雨水：2009年02月18日20时46分

雨水：下元　丙戌时旬首为庚

阳遁三局　值符天禽落一宫　值使死门落七宫

六合 伤门　丙 天蓬　己	白虎 杜门　癸 天任　丁	玄武 景门　戊 天冲　乙
太阴 生门　辛 天心　戊	庚	九地 死门　己 天辅　壬
螣蛇 休门　壬 天柱　癸	值符 庚　开门　乙 禽　天芮　丙	九天 惊门　丁 天英　辛

四 **13 04 22 31**	**九** **18 09 27**	**二** **20 02 11 29**
三 **12 03 21 30**	**五** **14 05 23 32**	**七** **16 07 25**
八 **17 08 26**	**一** **10 01 19 28**	**六** **15 06 24 33**

（1）值符天禽落一宫。坎宫：天盘甲申庚加地盘丙奇，为太白入荧，为客进利，为主破财。天盘乙奇加地盘丙奇，为奇仪顺遂，吉星迁官晋职。开加休：主见贵人财喜及开张铺店，贸易大吉。开门加丙，贵人印绶。天禽星值戌时，主东北方有钟鼓声，青衣童子携篮至为应。作用后金十日内白鼠来，得寡妇财物发达。

天芮星值戌时，有老人扶杖至，西方雷雨，鬓须人擔物来为应。后有白犬自来，六十日拾军马器得横财大发。六丙到坎，名为“丙火烧壬”，吉，主胜。门宫相生，开门大吉。外应利财，有出中奖号码的概率。坎宫对应的号码01101928。

（2）值使死门落七宫。死门到兑，凶极必反。值使之门，有出中奖号码的概率。兑宫对应的号码071625。

（3）用神伤门临巽宫的对冲宫乾宫在考虑范围之内。乾宫：惊加开：主忧疑、官司、惊恐，又主上见喜，不凶。天盘丁奇，门宫比和，吉。有出中奖号码的概率。乾宫对应的号码06152433。

（4）值使死门落七宫的的对冲宫震宫在考虑范围之内。震宫：生门加戊，嫁娶、求财、谒贵皆吉。有出中奖号码的概率。震宫对应的号码03122130。

我们把震乾坎兑宫对应的号码进行排列：010306071012151619212425283033共计十五码。当期双色球中奖号码：010607152430—08。十五个双色球预测号码中出六个红球，可中得二等奖。也许有人会说15码太多，不是一般彩民能承受得了的。那么我们可以结合中奖号码尾数走势图和奇门盘确定尾数。坎宫有码，1尾必出。乾宫有码，6尾必出。兑宫有码，7尾必出。用神伤门临巽宫，天蓬星值戌时，主老人拄拐扙至，鬓须人担箩筐至，西方雨至为应。作用后有白犬自来，八十日搭车器得横财发大富。门宫比和，外应利财。巽宫后天八卦数4尾必出。中宫寄坤宫，玄武临之。坤宫：天盘甲子戊加地盘乙奇，青龙会合，门吉事也吉。天冲星值戌时，西方有三五人来寻物，及师巫人对走为应。作用后六十日鸡鸣上树，远信至、得外人财。六乙到坤，名为“玉兔入坤中”，吉。其对应的025尾必有出。结合中奖号码尾数走势图，确定尾数014567。再和15码对比筛选，符合尾数的号码是01060710151621242530十码。如果将十码去投注就能中出二等奖。何乐而不为?

【例十】2009年3月19日，星期四，双色球第31期开奖日。根据双色球晚上20:30分摇奖的时间，排奇门遁甲盘如下。

时间：2009年03月19日20时30分

农历：己丑年二月廿三日戌时

干支：己丑　丁卯　癸亥　壬戌

旬空：午未　戌亥　子丑　子丑

雨水：2009年02月18日20时46分

惊蛰：2009年03月05日19时02分

惊蛰：下元　壬戌时旬首为癸

阳遁四局　值符天英落八宫　值使景门落八宫

太阴 惊门　辛 天柱　戊	六合 开门　庚 天心　癸	白虎 休门　丁 天蓬　丙
螣蛇 己　死门　丙 禽　天芮　乙	己	玄武 生门　壬 天任　辛
值符 景门　癸 天英　壬	九天 杜门　戊 天辅　丁	九地 伤门　乙 天冲　庚

四 **13 04 22 31**	**九** **18 09 27**	**二** **20 02 11 29**
三 **12 03 21 30**	**五** **14 05 23 32**	**七** **16 07 25**
八 **17 08 26**	**一** **10 01 19 28**	**六** **15 06 24 33**

(1) 用神伤门临乾宫。乾宫：天盘乙奇加地盘甲申庚，为日奇被刑，为争讼财产。天冲星值戌时，西方有三五人来寻物，及师巫人对走为应。作用后六十日鸡鸣上树，远信至、得外人财。宫克门，凶事不凶。外应利财。有出中奖号码的概率。乾宫对应的号码06152433。

(2) 值符天英落八宫，值使景门落八宫。其对冲宫坤宫在考虑范围之内。坤宫：天盘丁奇加地盘丙奇，为星随月转，贵人越级高升。休门加丙，文书和合喜庆。天蓬星值戌时，主老人拄拐扙至，鬓须人担箩筐至，西方雨至为应。作用后有白犬自来，八十日搭车器得横财发大富。六丙到坤，名为“子居母舍”，吉。天地盘丁丙奇大吉，外应利财。有出中奖号码的概率。坤宫对应的号码02112029。

(3) 坎宫：天盘甲子戊加地盘丁奇，为青龙耀明，宜见上级领导、贵人、求功名，为事吉利。杜加休：主求财有益。天辅星值戌时，主有三五人来寻物，师巫对行为应。六十日鸡上树鸣，远信至，得妇人财。断语吉，外应利财。有出中奖号码的概率。坎宫对应的号码01101928。

(4) 螣蛇临震宫。震宫：天盘丙奇加地盘乙奇，日月并行，公谋私为皆吉。天禽星值戌时，主东北方有钟鼓声，青衣童子携篮至为应。作用后金十日内白鼠来，得寡妇财物发达。天芮星值戌时，有老人扶杖至，西方雷雨，鬓须人担物来为应。后有白犬自来，六十日拾军马器得横财大发。六乙到震，名为“日出扶桑”，吉。宫克门，凶事不凶。断语外应利财。有出中奖号码的概率。震宫对应的号码03122130。

我们把震乾坎坤宫对应的号码排列：01020306101112151920212428293033共计十六码。当期双色球中奖号码：010203153033—01。十六个双色球预测号码中出六个红球，一个蓝球，可中得一等奖。也许有人会说16码太多，不是一般彩民能承受得了的。那么我们可以结合中奖号码尾数走势图和奇门盘确定尾数。坎宫有码，1尾必出。震宫有码，3尾必出。中宫寄坤宫，坤宫有码，025尾有出。结合中奖号码尾数走势图，确定尾数01235。再和16码对比筛选，符合尾数的号码是0102031011121520213033十一码。如果将十一码去投注就能中出一等奖。何乐而不为？

【例十一】2009年3月29日，星期日，双色球第35期开奖日。根据双色球晚上20:30分摇奖的时间，排奇门遁甲盘如下。

时间：2009年03月29日20时30分

农历：己丑年三月初三日戌时

干支：己丑　丁卯　癸酉　壬戌

旬空：午未　戌亥　戌亥　子丑

惊蛰：2009年03月05日19时02分

春分：2009年03月20日19时59分

春分：中元　壬戌时旬首为癸

阳遁九局　值符天禽落四宫　值使死门落四宫

值符 癸 死门 庚 禽 天芮 壬	螣蛇 惊门 丙 天柱 戊	太阴 开门 丁 天心 庚
九天 景门 戊 天英 辛	癸	六合 休门 己 天蓬 丙
九地 杜门 壬 天辅 乙	玄武 伤门 辛 天冲 己	白虎 生门 乙 天任 丁

四 **13 04 22 31**	**九** **18 09 27**	**二** **20 02 11 29**
三 **12 03 21 30**	**五** **14 05 23 32**	**七** **16 07 25**
八 **17 08 26**	**一** **10 01 19 28**	**六** **15 06 24 33**

（1）乾宫：天盘乙奇加地盘丁奇，为奇仪相佐，百事可为。生加开：主见贵人，求财大发。生门加丁，财利大吉。六丁到乾，名为“火到天门”，吉。生门生乾宫，吉，又是值符值使落巽宫的对冲宫。有出中奖号码的概率。乾宫对应的号码06152433。

（2）值符天禽落四宫，值使死门落四宫。宫克门，凶。物极必反。天禽星值戌时，主东北方有钟鼓声，青衣童子携篮至为应。作用后金十日内白鼠来，得寡妇财物发达。天芮星值戌时，有老人扶杖至，西方雷雨，鬓须人担物来为应。后有白犬自来，六十日拾军马器得横财大发。外应利财。有出中奖号码的概率。巽宫对应的号码04132231。

（3）坤宫：天盘丁奇加地盘甲申庚，为文书阻隔，行人必归。开加死：主官司惊忧，先忧后喜。宫生门，开门大吉。有出中奖号码的概率。坤宫对应的号码02112029。

（4）艮宫：杜门加乙，宜暗求男人财物。六乙到艮，名为［玉兔步贵宫］，吉。有出中奖号码的概率。艮宫对应的号码081726。

（5）景门临震宫，宫生门，吉。震宫：天盘甲子戊加地盘甲午辛，为青龙折足，吉门有生助，尚能谋事。有出中奖号码的概率。震宫对应的号码03122130。

我们把震乾巽坤艮宫对应的号码进行排列：02030406081112131517202122242629303133共计十九码。当期双色球中奖号码：061521262931—05。十九个双色球预测号码中出六个红球，可中得二等奖。也许有人会说19码太多，不是一般彩民能承受得了的。那么我们可以结合中奖号码尾数走势图和奇门盘确定尾数。乾宫有码，6尾必出。用神伤门临坎宫，落玄武。1尾必出。

其对冲宫离，落螣蛇，9 尾必出。中宫寄坤宫。坤宫：天盘丁奇加地盘甲申庚，行人必归。开加死：主官司惊忧，先忧后喜。宫生门，开门大吉。025 尾有出。结合中奖号码尾数走势图，确定尾数 1569。再和 19 码对比筛选，符合尾数的号码是 06111521262931 七码。如果将七码去投注就能中出二等奖。何乐而不为？

【例十二】2009 年 3 月 31 日，星期二，双色球第 36 期开奖日。根据双色球晚上 20:30 分摇奖的时间，排奇门遁甲盘如下。

时间：2009 年 03 月 31 日 20 时 30 分

农历：己丑年三月初五日戌时

干支：己丑　丁卯　乙亥　丙戌

旬空：午未　戌亥　申酉　午未

惊蛰：2009 年 03 月 05 日 19 时 02 分

春分：2009 年 03 月 20 日 19 时 59 分

春分：下元　丙戌时旬首为庚

阳遁六局　值符天任落四宫　值使生门落一宫

值符 景门　庚 天任　丙	螣蛇 死门　丁 天冲　辛	太阴 惊门　丙 天辅　癸
九天 杜门　壬 天蓬　丁	 乙	六合 开门　辛 天英　己
九地 伤门　戊 天心　庚	玄武 生门　己 天柱　壬	白虎 乙　休门　癸 禽　天芮　戊

四 **13 04 22 31**	**九** **18 09 27**	**二** **20 02 11 29**
三 **12 03 21 30**	**五** **14 05 23 32**	**七** **16 07 25**
八 **17 08 26**	**一** **10 01 19 28**	**六** **15 06 24 33**

(1) 乾宫：天盘乙奇加地盘甲子戊，门吉尚可谋为。天盘甲寅癸加地盘甲子戊，为天乙会合，吉门宜求财。休加开：主开张店肆及见贵、求财、喜庆事，大吉。休门加戊，财物和合。天禽星值戌时，主东北方有钟鼓声，青衣童子携篮至为应。作用后金十日内白鼠来，得寡妇财物发达。天芮星值戌时，有老人扶杖至，西方雷雨，鬓须人担物来为应。后有白犬自来，六十日拾军马器得横财大发。乾宫生休门大吉。有出中奖号码的概率。乾宫对应的号码06152433。

(2) 螣蛇临离宫。死门入离，宫生门，凶。但物极必反。离宫：死加景：主因文契印信财产事见官，选怒后喜，不凶。天冲星值戌时，西方有三五人来寻物，及师巫人对走为应。作用后六十日鸡鸣上树，远信至、得外人财。外应利财，有出中奖号码的概率。离宫对应的号码091827。

(3) 用神伤门临艮宫，其对冲宫坤和中宫在考虑范围之内。惊门加坤，宫生门，凶。但物极必反，天辅星值戌时，主有三五人来寻物，师巫对行为应。六十日鸡上树鸣，远信至，得妇人财。有出中奖号码的概率。中宫对应的号码05142332。

我们把乾离中宫对应的号码排列：0506091415182324273233 共计十一码。当期双色球中奖号码：060918233233—07。十一个双色球预测号码中出六个红球，可中得二等奖。也许有人会说 11 码太多，不是一般彩民能承受得了的。那么我们可以结合中奖号码尾数走势图和奇门盘确定尾数。乾宫有码，6 尾必出。离宫有码，9 尾必出。中宫寄坤宫有码，2 尾必出。用神伤门临艮宫，8 尾必出。震宫：天蓬星值戌时，主老人拄拐扙至，鬓须人担箩筐至，西方雨至为应。作用后有白犬自来，八十日搭车器得横财发大富。六丁到震，名为“最明”，吉。震宫后天八卦数 3 尾必出。结合中奖号码尾数走势图，确定尾数 23689。再和 11 码对比筛选，符合尾数的号码是 060918233233 六码。如果将六码去投注就能中出二等奖。何乐而不为?

【例十三】2009 年 4 月 2 日，星期四，双色球第 37 期开奖日。根据双色球晚上 20:30 分摇奖的时间，排奇门遁甲盘如下。

时间：2009 年 04 月 02 日 20 时 30 分

农历：己丑年三月初七日戌时

干支：己丑　丁卯　丁丑　庚戌

旬空：午未　戌亥　申酉　寅卯

惊蛰：2009 年 03 月 05 日 19 时 02 分

春分：2009 年 03 月 20 日 19 时 59 分

春分：下元　庚戌时旬首为壬

阳遁六局　值符天蓬落八宫　值使休门落七宫

太阴 死门　丁 天冲　丙	六合 惊门　丙 天辅　辛	白虎 开门　辛 天英　癸
螣蛇 景门　庚 天任　丁	 乙	玄武 乙　休门　癸 禽　天芮　己
值符 杜门　壬 天蓬　庚	九天 伤门　戊 天心　壬	九地 生门　己 天柱　戊

四 **13 04 22 31**	**九** **18 09 27**	**二** **20 02 11 29**
三 **12 03 21 30**	**五** **14 05 23 32**	**七** **16 07 25**
八 **17 08 26**	**一** **10 01 19 28**	**六** **15 06 24 33**

（1）乾宫：天盘甲戌己加地盘甲子戊，为犬遇青龙，门吉为谋望遂意，上人见喜。生加开：主见贵人，求财大发。生门加戊，嫁娶、求财、谒贵皆吉。门宫相生，生门大吉。有出中奖号码的概率。乾宫对应的号码06152433。

（2）乾宫对冲宫巽宫在考虑范围之内。巽宫：天盘丁奇加地盘丙奇，为星随月转，贵人越级高升。天冲星值戌时，西方有三五人来寻物，及师巫人对走为应。作用后六十日鸡鸣上树，远信至、得外人财。六丙到巽，名为“火起风行”，以为“神龙助威”，吉。死门到巽，宫克门，凶事难凶。外应利财，有出中奖号码的概率。巽宫对应的号码04132231。

（3）用神伤门临坎宫，其对冲宫离宫在考虑范围之内。离宫：天盘丙奇加地盘甲午辛，丙辛相合，谋事能成。天辅星值戌时，主有三五人来寻物，师巫对行为应。六十日鸡上树鸣，远信至，得妇人财。宫克门，凶事难凶。外应利财，有出中奖号码的概率。离宫对应的号码091827。

（4）值符天蓬落八宫之对冲宫坤宫在考虑范围之内。坤宫：开加死：主官司惊忧，先忧后喜。宫生门，吉。开门利财，有出中奖号码的概率。坤宫对应的号码02112029。

我们把乾离坤巽宫对应的号码进行排列：020406091113151820222427293133共计十五码。当期双色球中奖号码：020615182031—03。十五个双色球预测号码中出六个红球，可中得二等奖。也许有人会说15码太多，不是一般彩民能承受得了的。那么我们可以结合中奖号码尾数走势图和奇门盘确定尾数。坤宫有码，中宫寄坤宫025尾有出。乾宫有码，6尾必出。用神伤门临坎宫。宫生门，伤门越旺越易求偏财。坎宫后天八卦数1尾必出。值符天蓬落八宫。艮宫：天盘甲辰壬加地盘甲申庚，为太白擒蛇，刑狱公平。天蓬星值戌时，主老人拄拐杖至，鬓须人担箩筐至，西方雨至为应。作用后有白犬自来，八十日搭车器得横财发大富。外应利财。艮宫后天八卦数8尾必出。结合中奖号码尾数走势图，确定尾数012568。再和15码对比筛选，符合尾数的号码是0206111518202231八码。如果将八码去投注就能中出二等奖。何乐而不为?

【例十四】2009年4月7日，星期二，双色球第39期开奖日。根据双色球晚上20:30分摇奖的时间，排奇门遁甲盘如下。

时间：2009年04月07日20时30分

农历：己丑年三月十二日戌时

干支：己丑　戊辰　壬午　庚戌

旬空：午未　戌亥　申酉　寅卯

春分：2009年03月20日19时59分

清明：2009年04月04日00时05分

清明：上元　庚戌时旬首为壬

阳遁四局　值符天任落六宫　值使生门落五宫

白虎 己 开门 丙 禽 天芮 戊	玄武 休门 辛 天柱 癸	九地 生门 庚 天心 丙
六合 惊门 癸 天英 乙	己	九天 伤门 丁 天蓬 辛
太阴 死门 戊 天辅 壬	螣蛇 景门 乙 天冲 丁	值符 杜门 壬 天任 庚

四 **13 04 22 31**	**九** **18 09 27**	**二** **20 02 11 29**
三 **12 03 21 30**	**五** **14 05 23 32**	**七** **16 07 25**
八 **17 08 26**	**一** **10 01 19 28**	**六** **15 06 24 33**

（1）值符天任落六宫。乾宫：天盘甲辰壬加地盘甲申庚，为太白擒蛇，刑狱公平。杜加开：主见贵人官长，谋事主先破已财后吉。宫克门，凶事不起。有出中奖号码的概率。乾宫对应的号码06152433。

（2）值使生门落五宫。五宫寄坤宫。坤宫：天盘甲申庚加地盘丙奇，为太白入荧，贼定要来，为客进利，为主破财。生门加丙，主贵人印绶、婚姻、书信喜事。六丙到坤，名为“子居母舍”，吉。宫门比和，生门利财，有出中奖号码的概率。中五宫对应的号码05142332。

（3）玄武临离宫。门宫相冲，水火既济。有出中奖号码的概率。离宫对应的号码091827。

（4）用神伤门临兑宫的对冲宫震宫在考虑范围之内。震宫：天盘甲寅癸加地盘乙奇，华盖逢星，贵人禄位。六乙到震，名为“日出扶桑”，吉。有出中奖号码的概率。震宫对应的号码03122130。

我们把乾离震中五宫对应的号码进行排列：030506091214151821232427303233共计十五码。当期双色球中奖号码：051214152127—03。十五个双色球预测号码中出六个红球，一个蓝球，可中得一等奖。也许有人会说15码太多，不是一般彩民能承受得了的。那么我们可以结合中奖号码尾数走势图和奇门盘确定尾数。中宫寄坤宫有码，025尾有出。用神伤门临兑宫。宫克门，利求偏财。天蓬星值戊时，主老人拄拐杖至，鬓须人担箩筐至，西方雨至为应。作用后有白犬自来，八十日搭车器得横财发大富。兑宫后天八卦数7尾必出。值符天任落六宫之对冲宫巽宫，天盘甲戌己加地盘甲子戊，为犬遇青龙，门吉为谋望遂意，上人见喜。天盘丙奇加地盘甲子戊，鸟跌穴，百事吉，事业可为，可谋大事。开门加戊，财名俱得。天禽星值戌时，主东北方有钟鼓声，青衣童子携篮至为应。作用后金十日内白鼠来，得寡妇财物发达。天芮星值戌时，有老人扶杖至，西方雷雨，鬓须人担物来为应。后有白犬自来，六十日拾军马器得横财大发。吉门克宫，凶事不凶。巽宫后天八卦数4尾必出。螣蛇临坎宫。坎宫：天盘乙奇加地盘丁奇，为奇仪相佐，百事可为。天冲星值戌时，西方有三五人来寻物，及师巫人对走为应。作用后六十日鸡鸣上树，远信至、得外人财。门宫相冲，坎宫后天八卦数1尾必出。结合中奖号码尾数走势图，确定尾数12457。再和15码对比筛选，符合尾数的号码是05121421242732七码。如果将七码去投注就能中出二等奖。何乐而不为？

【例十五】2009年4月12日，星期日，双色球第41期开奖日。根据双色球晚上20:30分摇奖的时间，排奇门遁甲盘如下。

时间：2009年04月12日20时30分

农历：己丑年三月十七日戌时

干支：己丑　戊辰　丁亥　庚戌

旬空：午未　戌亥　午未　寅卯

春分：2009年03月20日19时59分

清明：2009年04月04日00时05分

清明：中元　庚戌时旬首为壬

阳遁一局　值符天禽落三宫　值使死门落二宫

螣蛇 杜门　丁 天柱　辛	太阴 景门　癸 天心　乙	六合 死门　戊 天蓬　己
值符 壬　伤门　己 禽　天芮　庚	 壬	白虎 惊门　丙 天任　丁
九天 生门　乙 天英　丙	九地 休门　辛 天辅　戊	玄武 开门　庚 天冲　癸

四 **13 04 22 31**	九 **18 09 27**	二 **20 02 11 29**
三 **12 03 21 30**	五 **14 05 23 32**	七 **16 07 25**
八 **17 08 26**	一 **10 01 19 28**	六 **15 06 24 33**

（1）值使死门落二宫。中五宫寄坤宫。死门到坤，大凶。但物极必反。天蓬星值戍时，主老人拄拐扙至，鬓须人担箩筐至，西方雨至为应。作用后有白犬自来，八十日搭车器得横财发大富。外应利财，中五宫有出中奖号码的概率。中宫对应的号码05142332。

（2）玄武临乾宫。乾宫：开加开：主贵人宝物财喜。天冲星值戍时，西方有三五人来寻物，及师巫人对走为应。作用后六十日鸡鸣上树，远信至、得外人财。开门利求财，乾宫有出中奖号码的概率。乾宫对应的号码06152433。

（3）值使死门落二宫的对冲宫艮宫在考虑范围之内。艮宫：天盘乙奇加地盘丙奇，为奇仪顺遂，吉星迁官晋职。生加生：主远得，求财吉。生门加丙，主贵人印绶、婚姻、书信喜事。六丙到艮，名为“凤入丹山”，吉。生门大吉，有出中奖号码的概率。艮宫对应的号码081726。

（4）坎宫：休加休：求财吉。休门加戊，财物和合。天辅星值戍时，主有三五人来寻物，师巫对行为应。六十日鸡上树鸣，远信至，得妇人财。有出中奖号码的概率。坎宫对应的号码01101928。

我们把乾坎艮中五宫对应的号码进行排列：010506081014151719232426283233共计十五码。当期双色球中奖号码：010823262833—08。十五个双色球预测号码中出六个红球，一个蓝球，可中得一等奖。也许有人会说15码太多，不是一般彩民能承受得了的。那么我们可以结合中奖号码尾数走势图和奇门盘确定尾数。坎宫有码，1尾必出。乾宫有码，6尾必出。艮宫有码，8尾必出。值符天禽落三宫，伤门用神临震宫。震宫：天盘甲辰壬加地盘甲申庚，为太白擒蛇，刑狱公平，立剖邪正。天禽星值戍时，主东北方有钟鼓声，青衣童子携篮至为应。作用后金十日内白鼠来，得寡妇财物发达。天芮星值戌时，有老人扶杖至，西方雷雨，鬓须人担物来为应。后有白犬自来，六十日拾军马器得横财大发。伤门处旺，易求偏财。震宫后天八卦数 3 尾必出。结合中奖号码尾数走势图，确定尾数 1368。再和 15 码对比筛选，符合尾数的号码是 01060823262833 七码。如果将七码去投注就能中出一等奖。何乐而不为?

大家如果熟悉了奇门遁甲的基础理论，研读例题还如坠云雾，不会预测彩票中奖号码。那么我们还可以结合前二期中奖号码的宫位走势和当期摇奖时间奇门盘来预测，因为九宫走势有连续性。特别关注蓝球出现的宫位在下一期必有出现。举例如下。

【例十六】2009 年 4 月 19 日，星期日，双色球第 44 期开奖日。根据双色球晚上 20:30 分摇奖的时间，排奇门遁甲盘如下。

时间：2009 年 04 月 19 日 20 时 30 分

农历：己丑年三月廿四日戌时

干支：己丑　戊辰　甲午　甲戌

旬空：午未　戌亥　辰巳　申酉

春分：2009 年 03 月 20 日 19 时 59 分

清明：2009 年 04 月 04 日 00 时 05 分

清明：上元　甲戌时旬首为己

阳遁四局　值符天禽落五宫　值使死门落五宫

九地 杜门 戊 天辅 戊	九天 景门 癸 天英 癸	值符 己 死门 丙 禽 天芮 丙
玄武 伤门 乙 天冲 乙	己	螣蛇 惊门 辛 天柱 辛
白虎 生门 壬 天任 壬	六合 休门 丁 天蓬 丁	太阴 开门 庚 天心 庚

四 **13 04 22 31**	**九** **18 09 27**	**二** **20 02 11 29**
三 **12 03 21 30**	**五** **14 05 23 32**	**七** **16 07 25**
八 **17 08 26**	**一** **10 01 19 28**	**六** **15 06 24 33**

前二期双色球中奖号码宫位。

2009年4月14日，第42期中奖号码：081622232730—11。

2009年4月16日，第43期中奖号码：040910151826—07。

九宫排列：艮（08）兑（16）巽（22）中（23）离（27）震（30）——坤（11）。

九宫排列：巽（04）离（0918）坎（10）乾（15）艮（26）——兑（07）。

从这二期中奖号码分析，红球只有坤宫没有出码。重复宫位巽艮离三宫。

分析：（1）值符天禽落五宫，值使死门落五宫。中五宫寄坤宫。死门到坤，凶。但物极必反。六丙到坤，名为“子居母舍”，吉。天禽星值戌时，主东北方有钟鼓声，青衣童子携篮至为应。作用后金十日内白鼠来，得寡妇财物发达。天芮星值戌时，有老人扶杖至，西方雷雨，鬓须人担物来为应。后有白犬自来，六十日拾军马器得横财大发。外应利财，中五宫有出中奖号码的概率。中宫对应的号码05142332。坤对应的号码02112029。

（2）值符天禽落五宫，值使死门落五宫的对冲宫艮宫在考虑范围之内。延续前二期走势。艮宫：盘甲辰壬加地盘甲辰壬，为蛇入地罗，吉门吉星，庶免蹉跎。生加生：主远得，求财吉。生门加壬，主遗失财后得，贼盗易获。生门到艮，大利求财。有出中奖号码的概率。艮宫对应的号码081726。

（3）上二期重复宫位离宫。天盘甲寅癸加地盘甲寅癸，为天网四张。凶极。延续前二期走势，有出中奖号码的概率。离宫对应的号码091827。

（4）用神伤门临震宫。六乙到震，名为“日出扶桑”，吉。天冲星值戌时，西方有三五人来寻物，及师巫人对走为应。作用后六十日鸡鸣上树，远信至、得外人财。伤门旺地，易求偏财。外应利财，有出中奖号码的概率。震宫对应的号码03122130。

（5）用神伤门临震宫之对冲宫兑宫在考虑范围之内。螣蛇临之。惊门加兑宫，门宫比和，极凶，物极必反。有出中奖号码的概率。兑宫对应的号码071625。

我们把震兑离艮坤中五宫对应的号码进行排列：020305070809111214161718202123252627293032共计二十一码。当期双色球中奖号码：111416182630—01。二十一个双色球预测号码中出六个红球，可中得二等奖。也许有人会说21码太多，不是一般彩民能承受得了的。那么我们可以结合中奖号码尾数走势图和奇门盘确定尾数。艮宫有码，8尾必出。坤中宫有码025尾有出。乾宫：开加开：主贵人宝物财喜。开门到乾大利求财。乾宫后天八卦数6尾必出。乾宫的对冲宫巽宫在考虑范围之内。巽宫：天辅星值戌时，主有三五人来寻物，师巫对行为应。六十日鸡上树鸣，远信至，得妇人财。外应利财，巽宫后天八卦数4尾必出。坎宫：天盘丁奇加地盘丁奇，为星奇入太阴，喜事从心，万事如意。休加休：求财、进人口、谒贵吉。天蓬星值戌时，主老人拄拐杖至，鬓须人担箩筐至，西方雨至为应。作用后有白犬自来，八十日搭车器得横财发大富。休门到坎大吉，坎宫后天八卦数1尾必出。结合中奖号码尾数走势图，确定尾数01468。再和21码对比筛选，符合尾数的号码是081114161820212630九码。如果将九码去投注就能中出二等奖。何乐而不为？

【例十七】2010 年 6 月 6 日，星期日，双色球第 64 期开奖日。根据双色球晚上 21∶30 分摇奖的时间，排奇门遁甲盘如下。

时间：2010 年 06 月 06 日 21 时 30 分

农历：庚寅年四月廿四日亥时

干支：庚寅　壬午　丁亥　辛亥

旬空：午未　申酉　午未　寅卯

小满：2010 年 05 月 21 日 12 时 29 分

芒种：2010 年 06 月 06 日 03 时 51 分

芒种：中元　辛亥时旬首为壬

阳遁三局　值符天柱落六宫　值使惊门落五宫

白虎 景门　戊 天冲　己	玄武 死门　己 天辅　丁	九地 惊门　丁 天英　乙
六合 杜门　癸 天任　戊	 庚	九天 庚　开门　乙 禽　天芮　壬
太阴 伤门　丙 天蓬　癸	螣蛇 生门　辛 天心　丙	值符 休门　壬 天柱　辛

四 13 04 22 31	九 18 09 27	二 20 02 11 29
三 12 03 21 30	五 14 05 23 32	七 16 07 25
八 17 08 26	一 10 01 19 28	六 15 06 24 33

前二期双色球中奖号码宫位。

2010年6月1日，第62期中奖号码：111315202133——03。

2010年6月3日，第63期中奖号码：020610172324——03。

九宫排列：坤（1120）巽（1331）乾（1533）——震（03）。

九宫排列：坤（02）坎（10）乾（0624）艮（17）中（23）——震（03）。

从这二期中奖号码分析，红球有震兑离宫没有出码。重复宫位坤乾二宫。

分析；（1）值使惊门落五宫。五宫寄坤宫。坤宫：天盘丁奇加地盘乙奇，为人遁吉格，贵人加官晋爵，常人婚姻财帛有喜。六乙到坤，名为“玉兔入坤中”，吉。中五宫有出中奖号码的概率。中宫对应的号码05142332。

（2）值符天柱落六宫。其对冲宫巽宫在考虑范围之内。巽宫：

天冲星值亥时，有跛足青衣人至、东方人家起火为应。作用后一百日内猫捕鼠，一年内得财，进人家田契。宫生门，木火生辉，外应利财。有出中奖号码的概率。巽宫对应的号码 04132231。

（3）用神伤门临艮宫。艮宫：天蓬星值亥时，主小儿成群至，女人著孝服为应。作用后六十日因捉贼得钱财，三年内卖药及符水大发。伤门处旺地，越旺越易求偏财。有出中奖号码的概率。艮宫对应的号码 081726。

（4）震宫：值符天柱落六宫，值使惊门落五宫寄坤宫的三角点。天盘甲寅癸加地盘甲子戊，为天乙会合，宜求财。天任星值亥时，主西方人磬鸣，人拿来火喊叫为应。作用后一年内因救火得财，大利。有出中奖号码的概率。震宫对应的号码 03122130。

（5）兑宫：开门到兑，门宫比和，开门处旺地，求财吉。天芮星值亥时，有小儿成群，妇人著孝服至为应。后六十日因贼得财，三年后因符水药剂发财。外应利财，有出中奖号码的概率。兑宫对应的号码 071625。

我们把艮兑巽震中五宫对应的号码进行排列：030405070812131416172122232526303132 共计十八码。当期双色球中奖号码：081425263031—11。十八个双色球预测号码中出六个红球，可中得二等奖。也许有人会说 18 码太多，不是一般彩民能承受得了的。那么我们可以结合中奖号码尾数走势图和奇门盘确定尾数。巽宫有码，4 尾必出。艮宫有码，8 尾必出。中宫有码，05 尾必出。坎宫：天盘甲午辛加地盘丙奇，门吉则事吉。生加休：主阴人处求望财利吉。生门加丙，主贵人印绶、婚姻、书信喜事。天心星值亥时，主鸡鸣犬吠，老人著皮衣帽至，手拿铁器为应。作用后七日内有远人来借宿，遗下财物而去。六丙到坎，名为［丙火烧壬］，吉，主胜。生门到坎，大吉。坎宫后天八卦数1尾必出。乾宫：休加开：主开张店肆及见贵、求财、喜庆事，大吉。天柱星值亥时，主西方有钟声、山下人喊叫为应，作用后百日内因救火得财，大利。休门到乾，金水相生，吉。乾宫后天八卦数6尾必出。结合中奖号码尾数走势图，确定尾数014568。再和18码对比筛选，符合尾数的号码是04050814162125263031十码。如果将十码去投注就能中出二等奖。何乐而不为?

【例十八】2010年6月8日，星期二，双色球第65期开奖日。根据双色球晚上21:30分摇奖的时间，排奇门遁甲盘如下。

时间：2010年06月08日21时30分

农历：庚寅年四月廿六日亥时

干支：庚寅　壬午　己丑　乙亥

旬空：午未　申酉　午未　申酉

小满：2010年05月21日12时29分

芒种：2010年06月06日03时51分

芒种：下元　乙亥时旬首为己

阳遁九局　值符天蓬落八宫　值使休门落二宫

太阴 惊门　辛 天冲　壬	六合 开门　壬 天辅　戊	白虎 休门　戊 天英　庚
螣蛇 死门　乙 天任　辛	 癸	玄武 癸　生门　庚 禽　天芮　丙
值符 景门　己 天蓬　乙	九天 杜门　丁 天心　己	九地 伤门　丙 天柱　丁

四 **13 04 22 31**	**九** **18 09 27**	**二** **20 02 11 29**
三 **12 03 21 30**	**五** **14 05 23 32**	**七** **16 07 25**
八 **17 08 26**	**一** **10 01 19 28**	**六** **15 06 24 33**

前二期双色球中奖号码宫位。

2010年6月3日，第63期中奖号码：020610172324——03。

2010年6月6日，第64期中奖号码：081425263031——11。

九宫排列：坤（02）坎（10）乾（0624）艮（17）中（23）——震（03）。

九宫排列：震（30）巽（31）中（14）兑（25）艮（0826）——坤（11）

从这二期中奖号码分析，红球只有离宫没有出码。重复宫位中艮二宫。

分析：

（1）值符天蓬落八宫。艮宫：景加生：主阴人生产大喜，更主求财旺利，行人皆吉。天蓬星值亥时，主小儿成群至，女人著孝服为应。作用后六十日因捉贼得钱财，三年内卖药及符水大发。六乙到艮，名为“玉兔步贵宫”，吉。门宫相生，求财大利。有出中奖号码的概率。艮宫对应的号码081726。

（2）值使休门落二宫。休门到坤，土克水，生意全无，凶极必反。值使之门，有出中奖号码的概率。坤宫对应的号码02112029。中五宫寄坤宫，中宫对应的号码05142332。

（3）玄武临兑宫。兑宫：天盘甲寅癸加地盘丙奇，为华盖悖师，上人见喜。天盘甲申庚加地盘丙奇，为太白入荧，为客进利，为主破财。生加惊：主尊长财产、词讼，病迟愈，吉。生门加丙，主贵人印绶、婚姻、书信喜事。天芮星值亥时，有小儿成群，妇人著孝服至为应。后六十日因贼得财，三年后因符水药剂发财。生门土和兑金相生，求财吉，玄武利偏财，有出中奖号码的概率。兑宫对应的号码071625。

（4）螣蛇临震宫。死门到震，木折土崩，凶极必反。天任星值亥时，主西方人磬鸣，人拿来火喊叫为应。作用后一年内因救火得财，大利。外应利财，有出中奖号码的概率。震宫对应的号码03122130。

我们把艮兑震坤中五宫对应的号码进行排列：020305070811121416172021232526293032共计十八码。当期双色球中奖号码：020708173032—12。十八个双色球预测号码中出六个红球，一个蓝球，可中得一等奖。也许有人会说18码太多，不是一般彩民能承受得了的。那么我们可以结合中奖号码尾数走势图和奇门盘确定尾数。坤宫有码，2尾必出。中宫有码05尾有出。兑宫有码，7尾必出。艮宫有码，8尾必出。结合中奖号码尾数走势图，确定尾数0278。再和18码对比筛选，符合尾数的号码是0207081217203032八码。如果将八码去投注就能中出一等奖。何乐而不为？

【例十九】2010年6月13日，星期日，双色球第67期开奖日。根据双色球晚上21∶30分摇奖的时间，排奇门遁甲盘如下。

时间：2010年06月13日21时30分

农历：庚寅年五月初二日亥时

干支：庚寅　壬午　甲午　乙亥

旬空：午未　申酉　辰巳　申酉

小满：2010年05月21日12时29分

芒种：2010年06月06日03时51分

芒种：上元　乙亥时旬首为己

阳遁六局　值符天柱落五宫　值使惊门落八宫

九地 休门　辛 天英　丙	九天 乙　生门　癸 禽　天芮　辛	值符 伤门　己 天柱　癸
玄武 开门　丙 天辅　丁	 乙	螣蛇 杜门　戊 天心　己
白虎 惊门　丁 天冲　庚	六合 死门　庚 天任　壬	太阴 景门　壬 天蓬　戊

四 **13 04 22 31**	**九** **18 09 27**	**二** **20 02 11 29**
三 **12 03 21 30**	**五** **14 05 23 32**	**七** **16 07 25**
八 **17 08 26**	**一** **10 01 19 28**	**六** **15 06 24 33**

前二期双色球中奖号码宫位。

2010年6月8日，第65期中奖号码：020708173032—12。

2010年6月10日，第66期中奖号码：010321223132—07。

九宫排列：坤（02）兑（07）艮（0817）震（30）中（32）——震（12）。

九宫排列：坎（01）震（0321）巽（2231）中（32）——兑（07）。

从这二期中奖号码分析，红球只有乾离宫没有出码。重复宫位中震二宫。

分析：

（1）值符天柱落五宫。五宫寄坤宫。用神伤门入墓，把凶事关起来，吉。天柱星值亥时，主西方有钟声、山下人喊叫为应，作用后百日内因救火得财，大利。外应利财，有出中奖号码的概率。中宫对应的号码05142332。

（2）玄武临震宫。震宫：天盘丙奇加地盘丁奇，为星奇朱雀，贵人文书吉利，常人平静安乐，得三吉门为天遁。天辅星值亥时，主有跛足人至，青衣人来，东北方人家火光为应。作用后百日内猫捕白鼠，一年内进田产。六丁到震，名为“最明”，吉。开门金克宫，凶事不起。有出中奖号码的概率。震宫对应的号码03122130。

（3）腾蛇临兑宫。震兑相冲，兑宫在考虑范围之内。兑宫：天心星值亥时，主鸡鸣犬吠，老人著皮衣帽至，手拿铁器为应。作用后七日内有远人来借宿，遗下财物而去。外应利财，有出中奖号码的概率。兑宫对应的号码071625。

（4）死门到坎，吉气全无，土克水，凶。死加休：主求财物事问生道求方吉。天任星值亥时，西方人磬鸣，人拿来火喊叫为应。作用后一年内因救火得财，大利。物极必反，外应利财。有出中奖号码的概率。坎宫对应的号码01101928。

我们把兑坎震中五宫对应的号码排列：010305071012141619212325283032共计十五码。当期双色球中奖号码：010710142125—01。十五个双色球预测号码中出六个红球，一个蓝球，可中得一等奖。也许有人会说15码太多，不是一般彩民能承受得了的。那么我们可以结合中奖号码尾数走势图和奇门盘确定尾数。中宫有码，05尾必出。坎宫有码，1尾必出。兑宫有码，7尾必出。巽宫：天盘甲午辛加地盘丙奇，为干合悖师，门吉则事吉。休门加丙，文书和合喜庆。六丙到巽，名为“火起风行”，以为“神龙助威”，吉。巽宫后天八卦数4尾必出。结合中奖号码尾数走势图，确定尾数01457。再和15码对比筛选，符合尾数的号码是0105071014212530八码。如果将八码去投注就能中出一等奖。何乐而不为？

【例二十】2010年6月17日，星期四，双色球第69期开奖日。根据双色球晚上21∶30分摇奖的时间，排奇门遁甲盘如下。

时间：2010年06月17日21时30分

农历：庚寅年五月初六日亥时

干支：庚寅　壬午　戊戌　癸亥

旬空：午未　申酉　辰巳　子丑

小满：2010年05月21日12时29分

芒种：2010年06月06日03时51分

芒种：上元　癸亥时旬首为癸

阳遁六局　值符天芮落二宫　值使死门落二宫

九地 杜门　丙 天辅　丙	九天 景门　辛 天英　辛	值符 乙　死门　癸 禽　天芮　癸
玄武 伤门　丁 天冲　丁	 乙	螣蛇 惊门　己 天柱　己
白虎 生门　庚 天任　庚	六合 休门　壬 天蓬　壬	太阴 开门　戊 天心　戊

四 **13 04 22 31**	**九** **18 09 27**	**二** **20 02 11 29**
三 **12 03 21 30**	**五** **14 05 23 32**	**七** **16 07 25**
八 **17 08 26**	**一** **10 01 19 28**	**六** **15 06 24 33**

前二期双色球中奖号码宫位。

2010 年 6 月 13 日，第 67 期中奖号码：010710142125—01。

2010 年 6 月 15 日，第 68 期中奖号码：031318202328—13。

九宫排列：坎（0110）兑（0725）中（14）震（21）——坎（01）。

九宫排列：震（03）巽（13）离（18）坤（20）中（23）坎（28）——巽（13）。

从这二期中奖号码分析，红球只有艮宫没有出码。重复宫位坎中震三宫。

分析：

（1）值符天芮落二宫，值使死门落二宫。死门入坤，值符值使同落。天芮星值亥时，有小儿成群，妇人著孝服至为应。后六十日因贼得财，三年后因符水药剂发财。外应利财，有出中奖号码的概率。坤宫对应的号码 02112029。中五宫寄坤宫。中宫对应的号码 05142332。

（2）用神伤门入震宫。震宫：天盘丁奇加地盘丁奇，为星奇入太阴，文书证件即至，喜事从心，万事如意。天冲星值亥时，有跛足青衣人至、东方人家起火为应。作用后一百日内猫捕鼠，一年内得财，进人家田契。六丁到震，名为“最明”，吉。伤门越旺，越易出偏财。有出中奖号码的概率。震宫对应的号码 03122130。

（3）巽宫：天辅星值亥时，主有跛足人至，青衣人来，东北方人家火光为应。作用后百日内猫捕白鼠，一年内进田产。六丙到巽，名为“火起风行”，以为“神龙助威”，吉。木火通明，丙奇解凶。有出中奖号码的概率。巽宫对应的号码 04132231。

(4) 乾宫：开加开：主贵人宝物财喜。开门加戊，财名俱得。天心星值亥时，主鸡鸣犬吠，老人著皮衣帽至，手拿铁器为应。作用后七日内有远人来借宿，遗下财物而去。开门大吉，处乾宫旺地。有出中奖号码的概率。乾宫对应的号码06152433。

我们把乾巽震坤中五宫对应的号码进行排列：0203040506111213141520212223242930313233 共计二十码。当期双色球中奖号码：121420222432—11。二十个双色球预测号码中出六个红球，一个蓝球，可中得一等奖。也许有人会说20码太多，不是一般彩民能承受得了的。那么我们可以结合中奖号码尾数走势图和奇门盘确定尾数。坤宫有码，2 尾必出。中宫有码，05 有出。巽宫有码，4 尾必出。结合中奖号码尾数走势图，确定尾数 024。再和 20 码对比筛选，符合尾数的号码是 020412142022243032 九码。如果将九码去投注就能中出二等奖。何乐而不为?

第二节　福利彩票 3D 中奖号码案例分析

【例一】 2010 年 5 月 5 日，福利彩票 3D 开奖日。根据福利彩票 3D 晚上 20:30 分摇奖的时间，排奇门遁甲盘如下。

时间：2010 年 05 月 05 日 20 时 30 分

农历：庚寅年三月廿二日戌时

干支：庚寅　辛巳　乙卯　丙戌

旬空：午未　申酉　子丑　午未

清明：2010 年 04 月 05 日 05 时 55 分

谷雨：2010 年 04 月 20 日 13 时 07 分

谷雨：中元　丙戌时旬首为庚

阳遁二局　值符天辅落九宫　值使杜门落六宫

九天 开门　己 天冲　庚	值符 休门　庚 天辅　丙	螣蛇 生门　丙 天英　戊
九地 惊门　丁 天任　己	 辛	太阴 辛　伤门　戊 禽　天芮　癸
玄武 死门　乙 天蓬　丁	白虎 景门　壬 天心　乙	六合 杜门　癸 天柱　壬

四 058 067 049 013 157 148 139 256 247 238 346 589 679	九 045 036 027 018 189 135 126 279 234 378 369 468 459 567	二 056 047 038 029 146 137 128 245 236 389 479 578 569
三 057 048 039 012 156 147 138 129 246 237 345 489 579 678	五 068 059 023 014 167 158 149 257 248 239 356 347 689	七 079 034 025 016 178 169 124 268 259 367 358 349 457
八 089 035 026 017 179 134 125 278 269 368 359 467 458	一 046 037 028 019 145 136 127 289 235 379 478 469 568	六 078 069 024 015 168 159 123 267 258 249 357 348 456 789

（1）值使杜门落六宫。宫克门，凶事不成。杜加开：主见贵人官长，谋事主先破己财后吉。买彩票就是先破财，再中奖得财。有出中奖号码的概率。乾宫对应的号码是 078 069 024 015 168 159 123 267 258 249 357 348 456 789。

（2）值符天辅落九宫的对冲宫坎宫，坎宫：天盘甲辰壬加地盘乙奇，小蛇得势，禄马光华。六乙到坎，名为“玉兔投泉”，吉。景门加坎宫，火水相冲，有出中奖号码的概率。坎宫后天八卦数 1 必出。

乾宫对应的号码中有 1 数的是 015 168 159 123。

当期福利彩票3D中奖号码2010年中奖号118期105。

4注号码中出组选六015。

【例二】2010年5月6日，福利彩票3D开奖日。根据福利彩票3D晚上20:30分摇奖的时间，排奇门遁甲盘如下。

时间：2010年05月06日20时30分

农历：庚寅年三月廿三日戌时

干支：庚寅　辛巳　丙辰　戊戌

旬空：午未　申酉　子丑　辰巳

谷雨：2010年04月20日13时07分

立夏：2010年05月05日23时29分

立夏：中元　戊戌时旬首为辛

阳遁一局　值符天辅落一宫　值使杜门落八宫

六合 死门　丁 天柱　辛	白虎 惊门　癸 天心　乙	玄武 开门　戊 天蓬　己
太阴 壬　景门　己 禽　天芮　庚	 壬	九地 休门　丙 天任　丁
螣蛇 杜门　乙 天英　丙	值符 伤门　辛 天辅　戊	九天 生门　庚 天冲　癸

四 058 067 049 013 157 148 139 256 247 238 346 589 679	九 045 036 027 018 189 135 126 279 234 378 369 468 459 567	二 056 047 038 029 146 137 128 245 236 389 479 578 569
三 057 048 039 012 156 147 138 129 246 237 345 489 579 678	五 068 059 023 014 167 158 149 257 248 239 356 347 689	七 079 034 025 016 178 169 124 268 259 367 358 349 457
八 089 035 026 017 179 134 125 278 269 368 359 467 458	一 046 037 028 019 145 136 127 289 235 379 478 469 568	六 078 069 024 015 168 159 123 267 258 249 357 348 456 789

（1）玄武临坤宫。坤宫：开加死：主官司惊忧，先忧后喜。天蓬星值戌时，主老人拄拐扙至，鬓须人担箩筐至，西方雨至为应。作用后有白犬自来，八十日搭车器得横财发大富。宫生门，玄武加开门利求财。中宫寄坤宫，有出中奖号码的概率。中宫对应的号码是 068 059 023 014 167 158 149 257 248 239 356 347 689

（2）值符天辅落一宫。用神伤门临坎宫。天辅星值戌时，主有三五人来寻物，师巫对行为应。六十日鸡上树鸣，远信至，得妇人财。宫生门，伤门越旺越易求偏财。坎宫后天八卦数1必出。

中宫对应的号码中有1数的是014 167 158 149。

当期福利彩票3D中奖号码2010年中奖号119期941。

4注号码中出组选六149。

【例三】2010年5月8日，福利彩票3D开奖日。根据福利彩票3D晚上20:30分摇奖的时间，排奇门遁甲盘如下。

时间：2010年05月08日20时30分

农历：庚寅年三月廿五日戌时

干支：庚寅　辛巳　戊午　壬戌

旬空：午未　申酉　子丑　子丑

谷雨：2010年04月20日13时07分

立夏：2010年05月05日23时29分

立夏：中元　壬戌时旬首为癸

阳遁一局　值符天心落五宫　值使开门落五宫

九地 壬　死门　己 禽　天芮　辛	九天 惊门　丁 天柱　乙	值符 开门　癸 天心　己
玄武 景门　乙 天英　庚	壬	螣蛇 休门　戊 天蓬　丁
白虎 杜门　辛 天辅　丙	六合 伤门　庚 天冲　戊	太阴 生门　丙 天任　癸

四 058 067 049 013 157 148 139 256 247 238 346 589 679	九 045 036 027 018 189 135 126 279 234 378 369 468 459 567	二 056 047 038 029 146 137 128 245 236 389 479 578 569
三 057 048 039 012 156 147 138 129 246 237 345 489 579 678	五 068 059 023 014 167 158 149 257 248 239 356 347 689	七 079 034 025 016 178 169 124 268 259 367 358 349 457
八 089 035 026 017 179 134 125 278 269 368 359 467 458	一 046 037 028 019 145 136 127 289 235 379 478 469 568	六 078 069 024 015 168 159 123 267 258 249 357 348 456 789

（1）值符天心落五宫，值使开门落五宫。中五宫寄坤宫。坤宫：开加死：主官司惊忧，先忧后喜。宫生门，开门大吉。有出中奖号码的概率。坤宫对应的号码是056 047 038 029 146 137 128 245 236 389 479 578 569。

（2）乾宫：生加开：主见贵人，求财大发。门宫相生，生门利求财。乾宫后天八卦数6必出。

坤宫对应的号码中有6数的是056 146 236 569。

当期福利彩票3D中奖号码2010年中奖号121期056。

4注号码中出组选六056。

【例四】2010年5月9日，福利彩票3D开奖日。根据福利彩票3D晚上20:30分摇奖的时间，排奇门遁甲盘如下。

时间：2010年05月09日20时30分

农历：庚寅年三月廿六日戌时

干支：庚寅　辛巳　己未　甲戌

旬空：午未　申酉　子丑　申酉

谷雨：2010年04月20日13时07分

立夏：2010年05月05日23时29分

立夏：下元　甲戌时旬首为己

阳遁七局　值符天任落八宫　值使生门落八宫

太阴 杜门　丁 天辅　丁	六合 景门　庚 天英　庚	白虎 丙　死门　壬 禽　天芮　壬
螣蛇 伤门　癸 天冲　癸	丙	玄武 惊门　戊 天柱　戊
值符 生门　己 天任　己	九天 休门　辛 天蓬　辛	九地 开门　乙 天心　乙

四 058 067 049 013 157 148 139 256 247 238 346 589 679	九 045 036 027 018 189 135 126 279 234 378 369 468 459 567	二 056 047 038 029 146 137 128 245 236 389 479 578 569
三 057 048 039 012 156 147 138 129 246 237 345 489 579 678	五 068 059 023 014 167 158 149 257 248 239 356 347 689	七 079 034 025 016 178 169 124 268 259 367 358 349 457
八 089 035 026 017 179 134 125 278 269 368 359 467 458	一 046 037 028 019 145 136 127 289 235 379 478 469 568	六 078 069 024 015 168 159 123 267 258 249 357 348 456 789

（1）用神伤门临震宫。天冲星值戌时，西方有三五人来寻物，及师巫人对走为应。作用后六十日鸡鸣上树，远信至、得外人财。伤门处旺地，越旺越易求偏财。有出中奖号码的概率。震宫对应的号码是057 048 039 012 156 147 138 129 246 237 345 489 579 678。

（2）值符天任落八宫，值使生门落八宫。艮宫：生加生：主远得，求财吉。生门加己，主得贵人维持，吉。艮宫后天八卦数8必出。

震宫对应的号码中有8数的是048 138 489 678。

当期福利彩票3D中奖号码2010年中奖号122期768。

4注号码中出组选六678。

【例五】2010年5月10日，福利彩票3D开奖日。根据福利彩票3D晚上20:30分摇奖的时间，排奇门遁甲盘如下。

时间：2010年05月10日20时30分

农历：庚寅年三月廿七日戌时

干支：庚寅　辛巳　庚申　丙戌

旬空：午未　申酉　子丑　午未

谷雨：2010年04月20日13时07分

立夏：2010年05月05日23时29分

立夏：下元　丙戌时旬首为庚

阳遁七局　值符天英落五宫　值使景门落二宫

九地 伤门　癸 天冲　丁	九天 杜门　丁 天辅　庚	值符 景门　庚 天英　壬
玄武 生门　己 天任　癸	 丙	螣蛇 丙　死门　壬 禽　天芮　戊
白虎 休门　辛 天蓬　己	六合 开门　乙 天心　辛	太阴 惊门　戊 天柱　乙

四 058 067 049 013 157 148 139 256 247 238 346 589 679	九 045 036 027 018 189 135 126 279 234 378 369 468 459 567	二 056 047 038 029 146 137 128 245 236 389 479 578 569
三 057 048 039 012 156 147 138 129 246 237 345 489 579 678	五 068 059 023 014 167 158 149 257 248 239 356 347 689	七 079 034 025 016 178 169 124 268 259 367 358 349 457
八 089 035 026 017 179 134 125 278 269 368 359 467 458	一 046 037 028 019 145 136 127 289 235 379 478 469 568	六 078 069 024 015 168 159 123 267 258 249 357 348 456 789

（1）坎宫：开加休：主见贵人财喜及开张铺店，贸易大吉。天心星值戌时，主南方喊叫有贼，小儿牵牛至为应。作用后百日内生贵子，金鸡石上鸣，无故犬吠，二年后中科。金水相生，开门大吉。有出中奖号码的概率。坎宫对应的号码是046 037 028 019 145 136 127 289 235 379 478 469 568。

（2）值使景门落二宫。火生土，门宫皆凶。但物极必反，值使落之。坤宫后天八卦数2必出。

坎宫对应的号码中有2数的是028 127 289 235。

当期福利彩票3D中奖号码2010年中奖号123期235。

4注号码中出组选六235。

【例六】2010年5月11日，福利彩票3D开奖日。根据福利彩票3D晚上20:30分摇奖的时间，排奇门遁甲盘如下。

时间：2010年05月11日20时30分

农历：庚寅年三月廿八日戌时

干支：庚寅　辛巳　辛酉　戊戌

旬空：午未　申酉　子丑　辰巳

谷雨：2010年04月20日13时07分

立夏：2010年05月05日23时29分

立夏：下元　戊戌时旬首为辛

阳遁七局　值符天蓬落七宫　值使休门落五宫

玄武 丙　惊门　壬 禽　天芮　丁	九地 开门　戊 天柱　庚	九天 休门　乙 天心　壬
白虎 死门　庚 天英　癸	丙	值符 生门　辛 天蓬　戊
六合 景门　丁 天辅　己	太阴 杜门　癸 天冲　辛	螣蛇 伤门　己 天任　乙

四 058 067 049 013 157 148 139 256 247 238 346 589 679	九 045 036 027 018 189 135 126 279 234 378 369 468 459 567	二 056 047 038 029 146 137 128 245 236 389 479 578 569
三 057 048 039 012 156 147 138 129 246 237 345 489 579 678	五 068 059 023 014 167 158 149 257 248 239 356 347 689	七 079 034 025 016 178 169 124 268 259 367 358 349 457
八 089 035 026 017 179 134 125 278 269 368 359 467 458	一 046 037 028 019 145 136 127 289 235 379 478 469 568	六 078 069 024 015 168 159 123 267 258 249 357 348 456 789

（1）值使休门落五宫。五宫寄坤宫。休门加坤，土克水，凶。但物极必反。五宫值使，有出中奖号码的概率。中五宫对应的号码是 068 059 023 014167 158 149 257 248 239 356 347 689。

（2）值符天蓬落七宫。兑宫：生加惊：主尊长财产、词讼，病迟愈，吉。生门加戊，嫁娶、求财、谒贵皆吉。天蓬星值戌时，主老人拄拐扙至，鬓须人担箩筐至，西方雨至为应。作用后有白犬自来，八十日搭车器得横财发大富。门宫相生，开门利求财。兑宫后天八卦数 7 必出。

中五宫对应的号码中有 7 数的是 167257347。

当期福利彩票 3D 中奖号码 2010 年中奖号 124 期 743。

3 注号码中出组选六 347。

【例七】2010 年 5 月 13 日，福利彩票 3D 开奖日。根据福利彩票 3D 晚上 20:30 分摇奖的时间，排奇门遁甲盘如下。

时间：2010 年 05 月 13 日 20 时 30 分

农历：庚寅年三月三十日戌时

干支：庚寅　辛巳　癸亥　壬戌

旬空：午未　申酉　子丑　子丑

谷雨：2010 年 04 月 20 日 13 时 07 分

立夏：2010 年 05 月 05 日 23 时 29 分

立夏：下元　壬戌时旬首为癸

阳遁七局　值符天冲落二宫　值使伤门落二宫

九地 休门 辛 天蓬 丁	九天 生门 己 天任 庚	值符 伤门 癸 天冲 壬
玄武 开门 乙 天心 癸	 丙	螣蛇 杜门 丁 天辅 戊
白虎 惊门 戊 天柱 己	六合 丙 死门 壬 禽 天芮 辛	太阴 景门 庚 天英 乙

四 058 067 049 013 157 148 139 256 247 238 346 589 679	九 045 036 027 018 189 135 126 279 234 378 369 468 459 567	二 056 047 038 029 146 137 128 245 236 389 479 578 569
三 057 048 039 012 156 147 138 129 246 237 345 489 579 678	五 068 059 023 014 167 158 149 257 248 239 356 347 689	七 079 034 025 016 178 169 124 268 259 367 358 349 457
八 089 035 026 017 179 134 125 278 269 368 359 467 458	一 046 037 028 019 145 136 127 289 235 379 478 469 568	六 078 069 024 015 168 159 123 267 258 249 357 348 456 789

（1）值符天冲落二宫，值使伤门落二宫。用神伤门临坤宫。天冲星值戌时，西方有三五人来寻物，及师巫人对走为应。作用后六十日鸡鸣上树，远信至、得外人财。伤门入墓，凶事被关，易求偏财。坤宫后天八卦数2必出。

（2）值符天冲落二宫，值使伤门落二宫的对冲宫艮宫在考虑范围之内。艮宫：惊加生：主因妇人生忧惊，或因求财生忧惊，皆吉。有出中奖号码的概率。艮宫对应的号码是089 035 026 017 179 134 125 278 269 368 359 467 458 。

艮宫对应的号码中有2数的是026 125 278 269 。

当期福利彩票3D中奖号码2010年中奖号126期827。

4注号码中出组选六278。

【例八】2010年11月2日，福利彩票3D开奖日。根据福利彩票3D晚上20:30分摇奖的时间，排奇门遁甲盘如下。

时间：2010年11月02日20时30分

农历：庚寅年九月廿六日戌时

干支：庚寅　丙戌　丙辰　戊戌

旬空：午未　午未　子丑　辰巳

寒露：2010年10月08日18时05分

霜降：2010年10月23日20时54分

霜降：中元　戊戌时旬首为辛

阴遁八局　值符天禽落八宫　值使死门落一宫

九地 休门 庚 天心 壬	玄武 生门 丙 天蓬 乙	白虎 伤门 戊 天任 丁
九天 开门 己 天柱 癸	 辛	六合 杜门 癸 天冲 己
值符 辛 惊门 丁 禽 天芮 戊	螣蛇 死门 乙 天英 丙	太阴 景门 壬 天辅 庚

四 058 067 049 013 157 148 139 256 247 238 346 589 679	九 045 036 027 018 189 135 126 279 234 378 369 468 459 567	二 056 047 038 029 146 137 128 245 236 389 479 578 569
三 057 048 039 012 156 147 138 129 246 237 345 489 579 678	五 068 059 023 014 167 158 149 257 248 239 356 347 689	七 079 034 025 016 178 169 124 268 259 367 358 349 457
八 089 035 026 017 179 134 125 278 269 368 359 467 458	一 046 037 028 019 145 136 127 289 235 379 478 469 568	六 078 069 024 015 168 159 123 267 258 249 357 348 456 789

（1）值使死门落一宫。其对冲宫离宫，玄武临生门。离宫：天盘丙奇加地盘乙奇，日月并行，公谋私为皆吉。天蓬星值戌时，主老人拄拐杖至，鬓须人担箩筐至，西方雨至为应。作用后有白犬自来，八十日搭车器得横财发大富。六乙到离，名为“玉兔当阳”，吉。宫生门，生门大利求财。有出中奖号码的概率。离宫对应的号码是 045 036 027 018 189 135 126 279 234 378 369 468 459 567 。

（2）值使死门落一宫。六丙到坎，名为“丙火烧壬”，吉，主胜。死门到坎，土克水，凶。但物极必反。直使落宫，螣蛇临之，坎宫后天八卦数 1 必出。

离宫对应的号码中有 1 数的是 018 189 135 126。

当期福利彩票 3D 中奖号码 2010 年中奖号 299 期 216。

4 注号码中出组选六 126。

【例九】2010 年 11 月 6 日，福利彩票 3D 开奖日。根据福利彩票 3D 晚上 20:30 分摇奖的时间，排奇门遁甲盘如下。

时间：2010 年 11 月 06 日 20 时 30 分

农历：庚寅年十月初一日戌时

干支：庚寅　丙戌　庚申　丙戌

旬空：午未　午未　子丑　午未

寒露：2010 年 10 月 08 日 18 时 05 分

霜降：2010 年 10 月 23 日 20 时 54 分

霜降：下元　丙戌时旬首为庚

阴遁二局　值符天英落四宫　值使景门落七宫

值符 生门　庚 天英　丙	九天 丁　伤门　戊 禽　天芮　庚	九地 杜门　壬 天柱　戊
螣蛇 休门　丙 天辅　乙	丁	玄武 景门　癸 天心　壬
太阴 开门　乙 天冲　辛	六合 惊门　辛 天任　己	白虎 死门　己 天蓬　癸

四 499 688 877 166 355 544 733 922 022 211 400	九 099 288 477 855 144 522 711 900	二 299 488 677 866 155 344 533 722 911 011 200
三 399 588 966 066 255 633 822 300	五 599 788 977 077 266 455 644 833 122 311 500	七 799 988 088 277 466 655 844 133 322 511 700
八 899 188 377 566 755 944 044 233 422 611 800	一 199 388 577 766 955 055 244 433 622 811 100	六 699 177 366 744 933 033 411 600

（1）艮宫：开加生：主见贵人，谋望所求遂意。天冲星值戌时，西方有三五人来寻物，及师巫人对走为应。作用后六十日鸡鸣上树，远信至、得外人财。宫生门，土生金。开门到艮，大利求财。有出中奖号码的概率。艮宫对应的号码是 899 188 377 566 755 944 044 233 422 611 800。

（2）值符天英落四宫。巽宫：天盘甲申庚加地盘丙奇，为太白入荧，贼定要来，为客进利，为主破财。生门加丙，主贵人印绶、婚姻、书信喜事。六丙到巽，名为“火起风行”，以为“神龙助威”，吉。生门大吉，所到之处凶事不凶。值符落之，巽宫后天八卦数 4 必出。

艮宫对应的号码中有 4 数的是 944 044 422。

当期福利彩票 3D 中奖号码 2010 年中奖号 303 期 449。

3 注号码中出组选三 449。

【例十】2010 年 11 月 10 日，福利彩票 3D 开奖日。根据福利彩票 3D 晚上 20:30 分摇奖的时间，排奇门遁甲盘如下。

时间：2010 年 11 月 10 日 20 时 30 分

农历：庚寅年十月初五日戌时

干支：庚寅　丁亥　甲子　甲戌

旬空：午未　午未　戌亥　申酉

霜降：2010 年 10 月 23 日 20 时 54 分

立冬：2010 年 11 月 07 日 21 时 01 分

立冬：上元　甲戌时旬首为己

阴遁六局　值符天禽落五宫　值使死门落五宫

太阴 杜门　庚 天辅　庚	螣蛇 景门　丁 天英　丁	值符 己　死门　壬 禽　天芮　壬
六合 伤门　辛 天冲　辛	己	九天 惊门　乙 天柱　乙
白虎 生门　丙 天任　丙	玄武 休门　癸 天蓬　癸	九地 开门　戊 天心　戊

四 499 688 877 166 355 544 733 922 022 211 400	九 099 288 477 855 144 522 711 900	二 299 488 677 866 155 344 533 722 911 011 200
三 399 588 966 066 255 633 822 300	五 599 788 977 077 266 455 644 833 122 311 500	七 799 988 088 277 466 655 844 133 322 511 700
八 899 188 377 566 755 944 044 233 422 611 800	一 199 388 577 766 955 055 244 433 622 811 100	六 699 177 366 744 933 033 411 600

（1）玄武临坎宫。坎宫：休加休：求财、进人口、谒贵吉，朝见、上官、修造、大利。天蓬星值戌时，主老人拄拐杖至，鬓须人担箩筐至，西方雨至为应。作用后有白犬自来，八十日搭车器得横财发大富。休门加坎，吉。玄武大利偏财。有出中奖号码的概率。坎宫对应的号码是 199 388 577 766 955 055 244 433 622 811 100。

（2）值符天禽落五宫，值使死门落五宫。中五宫寄坤宫。天禽星值戌时，主东北方有钟鼓声，青衣童子携篮至为应。作用后金十日内白鼠来，得寡妇财物发达。天芮星值戌时，有老人扶杖至，西方雷雨，鬓须人担物来为应。后有白犬自来，六十日拾军马器得横财大发。外应利财，坤宫后天八卦数 2 必出。

坎宫对应的号码中有 2 数的是 244622。

当期福利彩票 3D 中奖号码 2010 年中奖号 307 期 442。

2 注号码中出组选三 244。

【例十一】2010 年 9 月 16 日，福利彩票 3D 开奖日。根据福利彩票 3D 晚上 20:30 分摇奖的时间，排奇门遁甲盘如下。

时间：2010 年 09 月 16 日 20 时 30 分

农历：庚寅年八月初九日戌时

干支：庚寅　乙酉　己巳　甲戌

旬空：午未　午未　戌亥　申酉

处暑：2010 年 08 月 23 日 14 时 24 分

白露：2010 年 09 月 08 日 02 时 41 分

白露：中元　甲戌时旬首为己

阴遁三局　值符天芮落二宫　值使死门落二宫

太阴 杜门　乙 天辅　乙	螣蛇 景门　辛 天英　辛	值符 丙　死门　己 禽　天芮　己
六合 伤门　戊 天冲　戊	 丙	九天 惊门　癸 天柱　癸
白虎 生门　壬 天任　壬	玄武 休门　庚 天蓬　庚	九地 开门　丁 天心　丁

四 499 688 877 166 355 544 733 922 022 211 400	九 099 288 477 855 144 522 711 900	二 299 488 677 866 155 344 533 722 911 011 200
三 399 588 966 066 255 633 822 300	五 599 788 977 077 266 455 644 833 122 311 500	七 799 988 088 277 466 655 844 133 322 511 700
八 899 188 377 566 755 944 044 233 422 611 800	一 199 388 577 766 955 055 244 433 622 811 100	六 699 177 366 744 933 033 411 600

（1）值符天芮落二，宫值使死门落二宫。其对冲宫艮宫。艮宫：生加生：主远得，求财吉。生门加壬，主遗失财后得。生门到艮，大利经商求财。有出中奖号码的概率。艮宫对应的号码是 899 188 377 566 755 944 044 233 422 611 800。

（2）值符天芮落二，宫值使死门落二宫。中五宫寄坤宫。坤宫：死门大凶。天禽星值戌时，主东北方有钟鼓声，青衣童子携篮至为应。作用后金十日内白鼠来，得寡妇财物发达。天芮星值戌时，有老人扶杖至，西方雷雨，鬓须人担物来为应。后有白犬自来，六十日拾军马器得横财大发。外应利财。中宫的后天八卦数 5 必出。

艮宫对应的号码中有 5 数的是 566755。

当期福利彩票 3D 中奖号码 2010 年中奖号 252 期 665。

2 注号码中出组选三 566。

【例十二】2010 年 9 月 17 日，福利彩票 3D 开奖日。根据福利彩票 3D 晚上 20∶30 分摇奖的时间，排奇门遁甲盘如下。

时间：2010 年 09 月 17 日 20 时 30 分

农历：庚寅年八月初十日戌时

干支：庚寅　乙酉　庚午　丙戌

旬空：午未　午未　戌亥　午未

处暑：2010 年 08 月 23 日 14 时 24 分

白露：2010 年 09 月 08 日 02 时 41 分

白露：中元　丙戌时旬首为庚

阴遁三局　值符天蓬落五宫　值使休门落八宫

太阴 伤门　癸 天柱　乙	螣蛇 杜门　丁 天心　辛	值符 景门　庚 天蓬　己
六合 丙　生门　己 禽　天芮　戊	 丙	九天 死门　壬 天任　癸
白虎 休门　辛 天英　壬	玄武 开门　乙 天辅　庚	九地 惊门　戊 天冲　丁

四 058 067 049 013 157 148 139 256 247 238 346 589 679	九 045 036 027 018 189 135 126 279 234 378 369 468 459 567	二 056 047 038 029 146 137 128 245 236 389 479 578 569
三 057 048 039 012 156 147 138 129 246 237 345 489 579 678	五 068 059 023 014 167 158 149 257 248 239 356 347 689	七 079 034 025 016 178 169 124 268 259 367 358 349 457
八 089 035 026 017 179 134 125 278 269 368 359 467 458	一 046 037 028 019 145 136 127 289 235 379 478 469 568	六 078 069 024 015 168 159 123 267 258 249 357 348 456 789

（1）螣蛇临离宫。杜门是小凶之门，加离，门生宫。木火生辉。离宫：天盘丁奇加地盘甲午辛，为朱雀入狱，罪人释囚。天心星值戌时，主南方喊叫有贼，小儿牵牛至为应。作用后百日内生贵子，金鸡石上鸣，无故犬吠，二年后中科第。有出中奖号码的概率。离宫对应的号码是045 036 027 018 189 135 126 279 234 378 369 468 459 567 。

（2）用神伤门临巽宫。六乙到巽，名为“玉兔乘风”，吉。门宫比和，伤门易求偏财。巽宫的后天八卦数4必出。

离宫对应的号码中有4数的是045 234 468 459。

当期福利彩票3D中奖号码2010年中奖号253期945。

4注号码中出组选六459。

【例十三】2010年9月19日，福利彩票3D开奖日。根据福利彩票3D晚上20:30分摇奖的时间，排奇门遁甲盘如下。

时间：2010年09月19日20时30分

农历：庚寅年八月十二日戌时

干支：庚寅　乙酉　壬申　庚戌

旬空：午未　午未　戌亥　寅卯

处暑：2010年08月23日14时24分

白露：2010年09月08日02时41分

白露：中元　庚戌时旬首为壬

阴遁三局　值符天任落一宫　值使生门落二宫

玄武 开门　辛 天英　乙	白虎 丙　休门　己 禽　天芮　辛	六合 生门　癸 天柱　己
九地 惊门　乙 天辅　戊	 丙	太阴 伤门　丁 天心　癸
九天 死门　戊 天冲　壬	值符 景门　壬 天任　庚	螣蛇 杜门　庚 天蓬　丁

四 058 067 049 013 157 148 139 256 247 238 346 589 679	九 045 036 027 018 189 135 126 279 234 378 369 468 459 567	二 056 047 038 029 146 137 128 245 236 389 479 578 569
三 057 048 039 012 156 147 138 129 246 237 345 489 579 678	五 068 059 023 014 167 158 149 257 248 239 356 347 689	七 079 034 025 016 178 169 124 268 259 367 358 349 457
八 089 035 026 017 179 134 125 278 269 368 359 467 458	一 046 037 028 019 145 136 127 289 235 379 478 469 568	六 078 069 024 015 168 159 123 267 258 249 357 348 456 789

（1）值使生门落二宫。五宫寄坤宫。坤宫：生门加已，主得贵人维持，吉。门宫比和，大吉门临坤，凶事难凶。生门利求财，有出中奖号码的概率。五宫对应的号码是 068 059 023 014 167 158 149 257 248 239 356 347 689 。

（2）值符天任落一宫。坎宫：天盘甲辰壬加地盘甲申庚，为太白擒蛇，刑狱公平，立剖邪正。景门入坎，火水对冲。值符之宫，坎宫的后天八卦数 1 必出。

五宫对应的号码中有 1 数的是 014 167 158 149。

当期福利彩票 3D 中奖号码 2010 年中奖号 255 期 914。

4 注号码中出组选六 149。

【例十四】2010 年 9 月 25 日，福利彩票 3D 开奖日。根据福利彩票 3D 晚上 20: 30 分摇奖的时间，排奇门遁甲盘如下。

时间：2010 年 09 月 25 日 20 时 30 分

农历：庚寅年八月十八日戌时

干支：庚寅　乙酉　戊寅　壬戌

旬空：午未　午未　申酉　子丑

白露：2010 年 09 月 08 日 02 时 41 分

秋分：2010 年 09 月 23 日 11 时 48 分

秋分：下元　壬戌时旬首为癸

阴遁四局　值符天任落九宫　值使生门落九宫

螣蛇 休门　辛 天蓬　戊	值符 生门　癸 天任　壬	九天 伤门　己 天冲　庚
太阴 开门　丙 天心　己	 乙	九地 杜门　戊 天辅　丁
六合 惊门　丁 天柱　癸	白虎 乙　死门　庚 禽　天芮　辛	玄武 景门　壬 天英　丙

四 058 067 049 013 157 148 139 256 247 238 346 589 679	九 045 036 027 018 189 135 126 279 234 378 369 468 459 567	二 056 047 038 029 146 137 128 245 236 389 479 578 569
三 057 048 039 012 156 147 138 129 246 237 345 489 579 678	五 068 059 023 014 167 158 149 257 248 239 356 347 689	七 079 034 025 016 178 169 124 268 259 367 358 349 457
八 089 035 026 017 179 134 125 278 269 368 359 467 458	一 046 037 028 019 145 136 127 289 235 379 478 469 568	六 078 069 024 015 168 159 123 267 258 249 357 348 456 789

（1）用神伤门临坤宫。天冲星值戌时，西方有三五人来寻物，及师巫人对走为应。作用后六十日鸡鸣上树，远信至、得外人财。伤门入墓，凶事不起。外应利财，有出中奖号码的概率。坤宫对应的号码是056 047 038 029 146 137 128 245 236 389 479 578 569。

（2）值符天任落九宫，值使生门落九宫。离宫：生加景：主阴人、小口不宁及文书事后吉。宫生门，生门大旺利求财。值符值使同落之宫，离宫的后天八卦数9必出。

坤宫对应的号码中有9数的是029 389 479 569。

当期福利彩票3D中奖号码2010年中奖号261期794。

4注号码中出组选六479。

【例十五】2010年9月26日，福利彩票3D开奖日。根据福利彩票3D晚上20:30分摇奖的时间，排奇门遁甲盘如下。

时间：2010年09月26日20时30分

农历：庚寅年八月十九日戌时

干支：庚寅　乙酉　己卯　甲戌

旬空：午未　午未　申酉　申酉

白露：2010年09月08日02时41分

秋分：2010年09月23日11时48分

秋分：上元　甲戌时旬首为己

阴遁七局　值符天心落六宫　值使开门落六宫

白虎 杜门　辛 天辅　辛	六合 景门　丙 天英　丙	太阴 庚　死门　癸 禽　天芮　癸
玄武 伤门　壬 天冲　壬	 庚	螣蛇 惊门　戊 天柱　戊
九地 生门　乙 天任　乙	九天 休门　丁 天蓬　丁	值符 开门　己 天心　己

四 058 067 049 013 157 148 139 256 247 238 346 589 679	九 045 036 027 018 189 135 126 279 234 378 369 468 459 567	二 056 047 038 029 146 137 128 245 236 389 479 578 569
三 057 048 039 012 156 147 138 129 246 237 345 489 579 678	五 068 059 023 014 167 158 149 257 248 239 356 347 689	七 079 034 025 016 178 169 124 268 259 367 358 349 457
八 089 035 026 017 179 134 125 278 269 368 359 467 458	一 046 037 028 019 145 136 127 289 235 379 478 469 568	六 078 069 024 015 168 159 123 267 258 249 357 348 456 789

（1）值符天心落六宫，值使开门落六宫。乾宫：开加开：主贵人宝物财喜。天心星值戌时，主南方喊叫有贼，小儿牵牛至为应。作用后百日内生贵子，金鸡石上鸣，无故犬吠，二年后中科第。开门到乾，大利求财，值符值使同落之宫，有出中奖号码的概率。乾宫对应的号码是078 069 024 015 168 159 123 267 258 249 357 348 456 789。

（2）值符天心落六宫，值使开门落六宫。其对冲宫巽宫，天辅星值戌时，主有三五人来寻物，师巫对行为应。六十日鸡上树鸣，远信至，得妇人财。门宫比和，外应利财。巽宫的后天八卦数4必出。

乾宫对应的号码中有4数的是024 249 348 456。

当期福利彩票3D中奖号码2010年中奖号262期240。

4注号码中出组选六024。

【例十六】2010年9月27日，福利彩票3D开奖日。根据福利彩票3D晚上20:30分摇奖的时间，排奇门遁甲盘如下。

时间：2010年09月27日20时30分

农历：庚寅年八月二十日戌时

干支：庚寅　乙酉　庚辰　丙戌

旬空：午未　午未　申酉　午未

白露：2010年09月08日02时41分

秋分：2010年09月23日11时48分

秋分：上元　丙戌时旬首为庚

阴遁七局　值符天禽落九宫　值使死门落三宫

螣蛇 惊门　丙 天英　辛	值符 庚　开门　癸 禽　天芮　丙	九天 休门　戊 天柱　癸
太阴 死门　辛 天辅　壬	庚	九地 生门　己 天心　戊
六合 景门　壬 天冲　乙	白虎 杜门　乙 天任　丁	玄武 伤门　丁 天蓬　己

四 058 067 049 013 157 148 139 256 247 238 346 589 679	九 045 036 027 018 189 135 126 279 234 378 369 468 459 567	二 056 047 038 029 146 137 128 245 236 389 479 578 569
三 057 048 039 012 156 147 138 129 246 237 345 489 579 678	五 068 059 023 014 167 158 149 257 248 239 356 347 689	七 079 034 025 016 178 169 124 268 259 367 358 349 457
八 089 035 026 017 179 134 125 278 269 368 359 467 458	一 046 037 028 019 145 136 127 289 235 379 478 469 568	六 078 069 024 015 168 159 123 267 258 249 357 348 456 789

（1）艮宫：天盘甲辰壬加地盘乙奇，小蛇得势，女人柔顺，男人通达，禄马光华。景加生：主阴人生产大喜，更主求财旺利，行人皆吉。天冲星值戌时，西方有三五人来寻物，及师巫人对走为应。作用后六十日鸡鸣上树，远信至、得外人财，一年内小儿被牛踏伤。六乙到艮，名为“玉兔步贵宫”，吉。有出中奖号码的概率。艮宫对应的号码是089 035 026 017 179 134 125 278 269 368 359 467 458 。

（2）值使死门落三宫。天辅星值戌时，主有三五人来寻物，师巫对行为应。六十日鸡上树鸣，远信至，得妇人财。凶门凶宫，物极必反。外应利财，震宫的后天八卦数3必出。

艮宫对应的号码中有3数的是035 134 368 359。

当期福利彩票3D中奖号码2010年中奖号263期413。

4注号码中出组选六134。

【例十七】2010年6月2日，福利彩票3D开奖日。根据福利彩票3D晚上20:30分摇奖的时间，排奇门遁甲盘如下。

时间：2010年06月02日20时30分

农历：庚寅年四月二十日戌时

干支：庚寅　辛巳　癸未　壬戌

旬空：午未　申酉　申酉　子丑

立夏：2010年05月05日23时29分

小满：2010年05月21日12时29分

小满：上元　壬戌时旬首为癸

阳遁五局　值符天蓬落九宫　值使休门落九宫

九天 开门　己 天心　乙	值符 休门　癸 天蓬　壬	螣蛇 生门　辛 天任　丁
九地 惊门　庚 天柱　丙	 戊	太阴 伤门　丙 天冲　庚
玄武 戊　死门　丁 禽　天芮　辛	白虎 景门　壬 天英　癸	六合 杜门　乙 天辅　己

四 058 067 049 013 157 148 139 256 247 238 346 589 679	九 045 036 027 018 189 135 126 279 234 378 369 468 459 567	二 056 047 038 029 146 137 128 245 236 389 479 578 569
三 057 048 039 012 156 147 138 129 246 237 345 489 579 678	五 068 059 023 014 167 158 149 257 248 239 356 347 689	七 079 034 025 016 178 169 124 268 259 367 358 349 457
八 089 035 026 017 179 134 125 278 269 368 359 467 458	一 046 037 028 019 145 136 127 289 235 379 478 469 568	六 078 069 024 015 168 159 123 267 258 249 357 348 456 789

（1）值符天蓬落九宫，值使休门落九宫。天蓬星值戌时，主老人拄拐杖至，鬓须人担箩筐至，西方雨至为应。作用后有白犬自来，八十日搭车器得横财发大富。水火既济，外应利财，值符值使同落之宫，有出中奖号码的概率。离宫对应的号码是045 036 027 018 189 135 126 279 234 378 369 468 459 567。

（2）离宫的对冲宫坎宫在考虑范围。宫克门，凶。天地之盘无一点吉气。物极必反。坎宫的后天八卦数1必出。

离宫对应的号码中有1数的是018 189 135 126。

当期福利彩票3D中奖号码2010年中奖号146期135。

4注号码中出组选六135。

【例十八】 2010年6月4日，福利彩票3D开奖日。根据福利彩票3D晚上20:30分摇奖的时间，排奇门遁甲盘如下。

时间：2010年06月04日20时30分

农历：庚寅年四月廿二日戌时

干支：庚寅　辛巳　乙酉　丙戌

旬空：午未　申酉　午未　午未

立夏：2010年05月05日23时29分

小满：2010年05月21日12时29分

小满：中元　丙戌时旬首为庚

阳遁二局　值符天辅落九宫　值使杜门落六宫

九天 开门　己 天冲　庚	值符 休门　庚 天辅　丙	螣蛇 生门　丙 天英　戊
九地 惊门　丁 天任　己	 辛	太阴 辛　伤门　戊 禽　天芮　癸
玄武 死门　乙 天蓬　丁	白虎 景门　壬 天心　乙	六合 杜门　癸 天柱　壬

四 058 067 049 013 157 148 139 256 247 238 346 589 679	九 045 036 027 018 189 135 126 279 234 378 369 468 459 567	二 056 047 038 029 146 137 128 245 236 389 479 578 569
三 057 048 039 012 156 147 138 129 246 237 345 489 579 678	五 068 059 023 014 167 158 149 257 248 239 356 347 689	七 079 034 025 016 178 169 124 268 259 367 358 349 457
八 089 035 026 017 179 134 125 278 269 368 359 467 458	一 046 037 028 019 145 136 127 289 235 379 478 469 568	六 078 069 024 015 168 159 123 267 258 249 357 348 456 789

（1）用神伤门临兑宫。兑宫：天盘甲子戊加地盘甲寅癸，为青龙华盖，有戊癸相合，可招福临。天禽星值戊时，主东北方有钟鼓声，青衣童子携篮至为应。作用后金十日内白鼠来，得寡妇财物发达。天芮星值戊时，有老人扶杖至，西方雷雨，鬓须人担物来为应。后有白犬自来，六十日拾军马器得横财大发。宫克门，伤门被制，易求偏财。外应利财，有出中奖号码的概率。兑宫对应的号码079 034 025 016 178 169 124 268 259 367 358 349 457。

（2）值使杜门落六宫。乾宫：杜加开：主见贵人官长，谋事主先破已财后吉。宫克门，凶门受制，凶事不凶。值使落之，乾宫的后天八卦数6必出。

兑宫对应的号码中有6数的是016 169 268 367 。

当期福利彩票3D中奖号码2010年中奖号148期268。

4注号码中出组选六268。

【例十九】2010年6月6日，福利彩票3D开奖日。根据福利彩票3D晚上20:30分摇奖的时间，排奇门遁甲盘如下。

时间：2010年06月06日20时30分

农历：庚寅年四月廿四日戌时

干支：庚寅　壬午　丁亥　庚戌

旬空：午未　申酉　午未　寅卯

小满：2010年05月21日12时29分

芒种：2010年06月06日03时51分

芒种：中元　庚戌时旬首为壬

阳遁三局　值符天柱落五宫　值使惊门落四宫

九地 惊门　丁 天英　己	九天 庚　开门　乙 禽　天芮　丁	值符 休门　壬 天柱　乙
玄武 死门　己 天辅　戊	庚	螣蛇 生门　辛 天心　壬
白虎 景门　戊 天冲　癸	六合 杜门　癸 天任　丙	太阴 伤门　丙 天蓬　辛

四 058 067 049 013 157 148 139 256 247 238 346 589 679	九 045 036 027 018 189 135 126 279 234 378 369 468 459 567	二 056 047 038 029 146 137 128 245 236 389 479 578 569
三 057 048 039 012 156 147 138 129 246 237 345 489 579 678	五 068 059 023 014 167 158 149 257 248 239 356 347 689	七 079 034 025 016 178 169 124 268 259 367 358 349 457
八 089 035 026 017 179 134 125 278 269 368 359 467 458	一 046 037 028 019 145 136 127 289 235 379 478 469 568	六 078 069 024 015 168 159 123 267 258 249 357 348 456 789

（3）值符天柱落五宫。五宫寄坤宫。坤宫：天盘甲辰壬加地盘乙奇，小蛇得势，女人柔顺，男人通达，禄马光华。休门加乙，求谋重，不得；求轻，可得。六乙到坤，名为“玉兔入坤中”，吉。坤有出中奖号码的概率。坤宫对应的号码 056 047 038 029 146 137 128 245 236 389 479 578 569。

（4）用神伤门临乾宫。乾宫：天盘丙奇加地盘甲午辛，丙辛相合，谋事能成。天蓬星值戌时，主老人拄拐杖至，鬓须人担箩筐至，西方雨至为应。作用后有白犬自来，八十日搭车器得横财发大富。宫克门，伤门受制，易求偏财。乾宫的后天八卦数 6 必出。

坤宫对应的号码中有 6 数的是 056 146 236 569。

当期福利彩票 3D 中奖号码 2010 年中奖号 150 期 641。

4 注号码中出组选六 146。

【例二十】2010 年 6 月 10 日，福利彩票 3D 开奖日。根据福利彩票 3D 晚上 20:30 分摇奖的时间，排奇门遁甲盘如下。

时间：2010 年 06 月 10 日 20 时 30 分

农历：庚寅年四月廿八日戌时

干支：庚寅　壬午　辛卯　戊戌

旬空：午未　申酉　午未　辰巳

小满：2010 年 05 月 21 日 12 时 29 分

芒种：2010 年 06 月 06 日 03 时 51 分

芒种：下元　戊戌时旬首为辛

阳遁九局　值符天冲落九宫　值使伤门落七宫

九天 开门　乙 天任　壬	值符 休门　辛 天冲　戊	螣蛇 生门　壬 天辅　庚
九地 惊门　己 天蓬　辛	 癸	太阴 伤门　戊 天英　丙
玄武 死门　丁 天心　乙	白虎 景门　丙 天柱　己	六合 癸　杜门　庚 禽　天芮　丁

四 058 067 049 013 157 148 139 256 247 238 346 589 679	九 045 036 027 018 189 135 126 279 234 378 369 468 459 567	二 056 047 038 029 146 137 128 245 236 389 479 578 569
三 057 048 039 012 156 147 138 129 246 237 345 489 579 678	五 068 059 023 014 167 158 149 257 248 239 356 347 689	七 079 034 025 016 178 169 124 268 259 367 358 349 457
八 089 035 026 017 179 134 125 278 269 368 359 467 458	一 046 037 028 019 145 136 127 289 235 379 478 469 568	六 078 069 024 015 168 159 123 267 258 249 357 348 456 789

（1）值符天冲落九宫。离宫：休门加戊，财物和合。天冲星值戊时，西方有三五人来寻物，及师巫人对走为应。作用后六十日鸡鸣上树，远信至、得外人财。休门入离，水火既济。值符落宫，有出中奖号码的概率。离宫对应的号码 045 036 027 018 189 135 126 279 234 378 369 468 459 567。

（2）值使伤门落七宫。兑宫：天盘甲子戊加地盘丙奇，为青龙返首，为事所谋，大吉大利。宫克门，伤门受制，易求偏财。兑宫的后天八卦数 7 必出。

离宫对应的号码中有 7 数的是 027 279 378 567。

当期福利彩票 3D 中奖号码 2010 年中奖号 154 期 207。

4 注号码中出组选六 027。

附　录（例示）

2010 年双色球中奖号码红球宫位走势图

期数	坎一	艮八	震三	巽四	中五	乾六	兑七	坤二	离九
107		0817	12	22		1506			
108		08		04	23	24		0220	
109				04	32	15	25	29	18
110	01	26	0312			24			27
111		0817		0413			07		18

2010年福彩三D中奖号码宫位走势图

期数	坎一	艮八	震三	巽四	中五	乾六	兑七	坤二	离九
310	442								
311			498						
312		377							
313		017							
314								371	
315							970		

后　记

日以继夜的写作这本书，忘记了亲人朋友，沉迷于天干地支，洛书九宫，九星八门等，我仿佛远离了这个科技文明日新月异的现代社会，正指挥着数字奇兵在摇奖机中撕杀，谁胜谁负，冥冥之中自有定数。

这本《彩票中奖走奇门》是运用奇门遁甲的理论去指导广大彩民预测彩票的中奖号码。奇门遁甲是一门高层次的预测学，古往今来，种种关于奇门遁甲的传说一直披着神秘的面纱，让人心向往之。学会奇门遁甲，来人不用问，一直被人传播得津津有味，然而奇门遁甲理论变幻无穷，绝对没有 1 + 1 = 2 的公式可套，大家在运用这个方法时，既要身在遁甲中，又要心在遁甲外，灵活运用书中的方法，才能真正预测彩票中奖号码。

如果广大彩民阅读此书有困难，还可以购买拙著《五行预测彩票（修订实用版）》和《易数玩转 3D 彩票》等图书一起学习。

向洪甲

二〇一〇年十二月

株洲市向洪甲信息咨询服务中心简介

洪甲测彩书系最新书目

1. 彩票中奖走奇门

——周易预测双色球 3D　　定价：39.80 元

2. 易数玩转 3D 彩票（修订实用版）　　定价：36.00 元

3. 五行预测彩票（修订本）　　定价：30.00 元

4. 选号宝典之三

——周易预测己丑年双色球　　定价：30.00 元

5. 五行绝算彩票（修订版）　　定价：20.00 元

6. 绝杀好彩　　定价：12.00 元